베이징
전통과 현대가 공존하는 중국의 두뇌

차례
Contents

03 중국의 두뇌, 베이징　07 베이징이라는 공간　17 정치의 도시 베이징의 역사　40 베이징의 당대 문화 - 치엔먼, 스차하이, 따산즈　67 베이징 여행하기　77 베이징과 한국인

중국의 두뇌, 베이징

 상하이가 중국의 심장이라면 베이징은 중국의 두뇌다. 몸에서 심장의 갖는 함의와 두뇌가 갖는 함의는 큰 차이가 있다. 가장 큰 차이가 있다면 뇌사는 많이 있어도, 심장사로 불리는 케이스는 거의 없다는 것이다. 심장이 멎는 순간 뇌는 물론이고 모든 것이 멈추기 때문이다. 중국 경제가 멈추면 중국은 사실상 모든 동력을 잃어버리겠지만 두뇌인 베이징이 멈춘다고 해도 중국이 멈추지는 않을 것이다. 사실 문화대혁명 같이 정치나 사상이 마비된 시대에도 중국은 돌아갔다. 반면에 다시 심장의 기능이 돌아오면서 중국은 불과 30년 만에 미국과 버금가는 세계 양대 헤게모니로 성장했다.
 그렇다고 베이징의 기능을 얕잡아 보는 것은 말도 되지 않는다. 인체에서 두뇌의 작용을 과소평가할 수 있는 이가 누굴까. 상하이가 혼자서 잘난 척하고 우쭐대는 반면에 베이징은 중국이 어디로 갈지를 주도면밀히 계산하고 방향을 잡아준다.

베이징이 두뇌라고 불리는 것은 우선 정치의 중심도시이기 때문이다. 양회(전국인민대표대회, 중국인민정치협상회의) 등 주요 정치 활동 기간인 3월이나 10월이 되면 정치 도시 베이징은 이전과는 완전히 다른 도시로 변모한다. 그 많던 호텔은 자리 구하기가 힘들고 이 기간에 열리는 회의에서 중국의 과거, 현재, 미래가 결정된다. 과거 역시 이 회의에서 자유롭지 못한 것은 이 기간에 진행되는 다양한 포럼을 통해 역사적 가치를 재평가받기 때문이다.

베이징을 규정하는 다른 말은 역사의 도시다. 중국에서는 3,000년의 역사를 보려면 시안(西安)으로 가고, 800년의 역사를 보려면 베이징에 가고, 100년의 역사를 보려면 상하이를 가라는 말이 있다. 시안, 뤄양 등 많은 고도가 나름대로 큰 의미를 갖지만 베이징의 역사가 생생한 것은 여전히 역사를 써가는 도시이기 때문이다.

베이징은 또 문화의 도시다. 보통 정치적 수도는 대부분 문화를 동반하는 특성을 갖고 있기 때문에 베이징도 자연스럽게 이러한 특징을 가진다. 베이징의 문화가 중국문화의 전반을 설명할 수는 없지만 그래도 중국문화의 가장 큰 바로미터 중 하나다.

베이징은 또 여행의 도시다. 여행자들은 포비든 시티(Forbidden

City) 자금성紫禁城이나 만리장성에만 눈이 휘둥그레질 것이 아니라 베이징이 담고 있는 다양한 문화 코드를 즐길 수 있어야 한다. 베이징 여행을 빛나게 하는 것에는 훌륭한 음식뿐만 아니라 각종 쇼핑도 있다. 베이징은 역사의 향취 속에서 세계의 여행자들을 만날 수 있는 도시 가운데 하나다.

그 외에 몇 가지 함의를 넣어야 한다. 하나는 우리나라에 있어서 대륙 진출의 전초기지라는 점이다. 이미 20만 명 가까운 한국인이 거주하는 왕징(望京)과 옌사(燕莎), 10만 명의 유학생이 거주하는 우다코우(五道口)는 발에 차이는 것이 한국 사람이다. 1992년 한중수교 이후 한국 유학생들은 엄청나게 중국에 몰려왔다. 아직 졸업장의 가치조차 인정받지 못하지만 이들은 21세기의 혜초나 최치원을 꿈꾸면서 살아간다. 물론 최치원처럼 친중파가 될 의사가 충분한 이들도 있고 그렇지 않은 이들도 있다. 기업들에게도 중국은 마찬가지다. 대기업들은 충분한 사전준비로 들어와 비교적 좋은 성적을 내고 있다. 먼저 온 삼성, LG, 대우 같은 기업도 있고, 좀 늦게 온 현대자동차, CJ 같은 기업도 있다. 이들은 먼저 오든 늦게 오든 중국에 대해 충분히 연구했고 성공적인 시작을 했다. 반면에 중소기업들의 중국 진출사는 처참했다. 베이징은 이렇게 중국 진출의 전초기지였다.

2008년 2월 말일 베이징 공항 3청사가 들어설 때까지 한국과 베이징을 잇는 노선은 하루 편도 20편(인천, 부산, 대구, 청주, 광주, 제주) 정도였다. 이 운항편수가 올림픽을 지나 1~2년 안에 두 배로 늘어날 것으로 전망된다. 이미 떼려야 뗄 수 없는 도시, 우리나라가 세계로 가는 교두보 역할을 할 도시가 바로 베이징이다.

베이징이라는 공간

베이징의 지형과 지리적 특성

모름지기 한 도시를 알려면 그 도시의 지형과 지리적 특성을 제대로 알아야 한다. 사실 한 도시의 운명은 지형이 결정하는 경우가 많다. 지형은 단순히 그곳이 산지냐 평지냐 바다에 인접했느냐와 같은 것도 있지만, 주변의 다양한 정치, 경제, 군사적 요소 등과도 깊은 관련을 맺는다.

우선 베이징을 규정하는 지리적 특성은 다음과 같다. 광대한 화북華北평원의 북연부北緣部에 샤오우타이산(小五臺山), 쥔두산(軍都山), 옌산(燕山) 등 평균 해발 고도 400~500미터의 산지에 의해 동·서·북의 3면이 둘러싸인 분지가 펼쳐져 있다.

그 주머니 모양의 평지 중앙에 베이징이 자리한다. 하이허(海河)강의 지류인 융딩허(永定河), 차오바이허(潮白河)가 각각 북서쪽·북동쪽 산지에서 분지로 흘러드는데, 베이징성은 두 하천의 중간에 위치한다. 베이징의 북쪽은 내몽골고원이고, 서쪽은 황토고원이며 동쪽은 발해에 접근하고, 남쪽은 화북평원과 이어져 있다. 지세는 서북이 높고 동남이 낮다.

말이 좀 어렵지만 간단히 하면 동·서·북이 산으로 둘려 있고, 내부에는 두 강이 흘러간다는 내용이다. 역사상 베이징으로 가는 주요한 관문이었던 지역들의 지형을 살펴보자. 지금 베이징은 북으로 만리장성 너머인 옌칭(延慶)을 비롯해 동쪽으로 통저우, 핑쿠(平谷) 등을 행정구역에 넣었고, 동남으로는 머잖아 4대 직할시 중 하나인 톈진도 행정구역에 넣을 계획이다. 하지만 우선은 과거에 베이징으로 간주되는 지역을 우선해서 살펴보자. 위 문장도 과거부터 정치·군사의 수도였던 베이징을 중심으로 한 표현이다.

여행자들이 베이징에 가서 만날 때 갖는 느낌은 전혀 산이 없는 평지에 건설된 도시라는 것이다. 하지만 베이징은 앞서 말했듯 동쪽부터 길게 뻗은 옌산산맥의 호위를 받는다. 그 동쪽 끝은 지금 행정구역상 허베이성에 속하는 산하이관(山海關)의 라오롱토우(老龍頭)다. 라오롱토우는 바다로 이어지는 스청(石城), 난하이코우구완(南海口關), 덩하이로우(澄海樓), 닝하이청(寧海城) 등 몇 부분으로 구성된 고대 군사 방어 기지이다. 청대의 강희, 옹정, 건륭, 가경, 도광제 등은 모두 라오롱토우를 방문했고, 건륭제는 네 번이나 이곳에 들렀다. 사실 청나라가 선양에서 베이징을 향할 때 오삼계가 이곳의 문을 열어 청은 쉽게 명을 얻을 수 있었다. 진대부터 이곳에서 만리장성을 쌓은 것은 만주로 가기에는 힘이 부족했고, 반면에 남쪽은 허허벌판이라 이곳을 지키지 않으면 중원을 지킬 엄두도 내지 못했기 때문이다. 다행히 이 줄기에 옌산산맥이 자리하고 있다. 마치 자연이 쌓은 성처럼 남북을 갈라주는 옌산산맥은 계속해서 동쪽으로 이어져 베이징의 북부를 지난다.

신의주를 넘어서 베이징으로 가는 연행길의 행로는 산하이관을 지나서 펑륜(豊潤), 통저우(通州)로 이어진다. 이 길은 지금 베이징과 선양을 연결하는 징선까오수(京沈高速)가 연결되어 있다. 산하이관에서 베이징의 접경인 상허(香河)까지는 400킬로미터로 고속도로지만 차가 별로 없는 한산한 길이다. 그 길을 가다보면 우선 화북평원의 넓음에 기가 죽기 십상이다. 맑은 날이라면 북쪽으로 옌산산맥 줄기가 보이는데, 이 길 내내 산이 없다. 이 화북평원은 고대부터 중요한 곡창의 역할을 했다. 이 길의 중간에 있는 도시가 지셴(薊縣)이다. 과거 연나라의 수도였던 곳으로 지금도 성터가 남아있다. 지금은 이자성과 연관이 있는 독락사獨樂寺가 남아있을 뿐 연나라의 흔적은 거의 없다.

지셴의 북쪽은 척계광(戚繼光, 1528~1588)이 지키던 황야관(黃崖關)장성이 있다. 명대 장군인 척계광은 중국에서 이순신 장군과 같은 인물로 왜구를 상대로 백전백승의 전과를 올린

명장이다. 임진왜란이 일어나자 조선은 명에 척계광의 전략서를 부탁했지만 외면당했다. 나중에 이 문건을 얻은 백종수가 『무예도보통지』에 이 내용을 다루었다.

황야관을 지난 장성은 스마타이(司馬臺), 진산링(金山嶺), 구베이코우(高北口), 무톈위(慕田峪)장성으로 이어진다. 이 길에서 가장 주목받는 곳이 구베이코우다. 구베이코우는 베이징에서 청더(承德)를 지나 네이멍구로 갈 때 주요한 관문이다. 이 길은 몽골로 가는 길이자 청나라의 고향인 선양 등 만주로 가는 길이기도 하다. 사실 베이징 방어의 가장 중요한 위치다. 이곳이 뚫리면 미윈(密雲), 화이로우(懷柔)로 이어지는 평원이 있고 바로 베이징성에 닿는다. 이 길은 연암 박지원의 『열하일기』의 주요무대였다. 연암 일행은 자금성에 도착했지만 건륭제가 열하熱河, 지금의 청더에 있어 급히 오라는 전갈을 받고 급히 이 길을 간다. 청더는 베이징에서 직선으로 174킬로미터 정도 떨어진 곳이다. 강희제는 장성의 너머인 이곳에 행궁行宮을 짓고, 가을이면 이곳에 와서 쉬는 한편 이곳에서 100킬로미터 내외에 있는 숲을 사냥터로 삼았다. 목란위장木蘭圍場으로 불리는 이 사냥터의 중간에는 고도 1600미터의 거대한 숲이 있다. 이곳은 베이징 등 화북지방을 보호하는 방패와 같다. 만약 이곳이 불타면 베이징은 물론이고 화북 전체는 치명타를 입게 될 것이다.

베이징의 서쪽도 톈먼산(天門山) 등 해발 400~1,000미터에 이르는 방패막이용 산이 있다. 베이징원인의 발견지 저우코우디엔(周口店)도 이곳에 있다.

남쪽으로는 말 그대로 휑하니 비어 있다. 베이징에서 랑팡(廊坊)을 지나 톈진의 서쪽, 창저우(創州)를 지나면 황허(黃河)가 나온다. 황허는 이제 겨울이면 말라붙어 물조차 흐르지 않는 강이지만 중국 문명을 만들어낸 중요한 젖줄이다. 이곳까지는 물론이고 산둥성 성도인 지난(濟南), 쉬저우(徐州), 난징(南京)을 지나는 구간에서 산이라고 볼 수 있는 곳은 타이안(泰安)에 있는 타이산(泰山) 정도라고 해도 과언이 아니다.

또한 이 구간은 수양제 이후 집중적으로 개발한 대운하가 관통하는 지역이다. 송대의 운하는 수도인 카이펑(開封) 방향으로 갔지만 이후에는 지난을 지나 북쪽으로 바로 와서 베이징의 서쪽에 있는 용딩허(永定河)에 이르렀다. 강남의 풍부한 물자는 물길과 마차 길을 따라 베이징에 공수되었던 것이다.

베이징의 젖줄

동·서·북에 산이 있고, 북쪽과 동쪽을 견고한 만리장성이 지키고 있지만 베이징은 타고난 약점이 있다. 바로 만리장성이 뚫렸을 때 수도까지는 불과 하룻길도 되지 않는 다는 것이다. 만리장성의 정북쪽 관문인 쥐룽관(居庸關)에서 구궁(古宮, 자금성)까지는 직선거리로 불과 50킬로미터밖에 되지 않는다. 따라서 쥐룽관이 무너지고 빠른 기병이면 한나절 만에도 구궁에 도착할 수 있다는 약점이 있다. 실제 명의 마지막 황제 숭정제(崇禎帝, 1611~1644)는 이자성(李自成, 1606~1645)의 진격에 방심하다가 구궁의 후원에서 목을 맬 수밖에 없었다.

베이징 중심부의 지형적인 특성은 그저 평평하다는 말로밖에 설명할 수 없다. 즈진청 평지의 해발고도는 54~55미터 정도다. 다른 지역도 50미터에 위치해 있다. 높게 느껴지는 즈진청 뒤 징산공위앤의 산 중간에 있는 완춘팅(万春亭)의 높이도 해발고도 108미터에 지나지 않는다. 물론 서쪽 교외에 있는 이허위앤(頤和園)의 완쇼우산(万壽山) 역시 비슷한 높이다. 따라서 베이징을 기획하면서 가장 골치 아픈 것이 물의 흐름이었을 것이다. 베이징의 중심수원은 북서향에 있는 관팅후(官廳湖)에서 흘러나와 서쪽을 지난 후 루거우치아오(盧溝橋)를 지나서 남쪽으로 향하는 용딩허다. 다른 수원은 3릉 저수지와 화이로우(懷柔) 저수지에서 나온 온유허(溫榆河)인데, 이 강은 나중에 차오바이허(潮白河)와도 연결된다.

거대한 궁궐이자 정원인 베이징을 효과적으로 만들기 위해서는 물이 제대로 흘러가야 했고, 이 때문에 베이징 조경의 가장 중요한 원칙 가운데 하나가 물 흐름의 통제였다. 물은 생물뿐만 아니라 도시에도 생명과 같은 존재다. 현재 베이징은 세계 도시 가운데 물 부족이 가장 심각한 도시 중 하나다. 원래 베이징의 중요한 수자원 공급처는 서북향의 관팅 저수지와 미원(密雲) 저수지다. 하지만 사막에서 불어온 모래바람으로 관팅후는 식수원으로서 기능을 잃었다. 관팅후 남단에는 작은 봉우리에 지나지 않지만 베이징에서 가장 가깝다는 사막인 텐

모사막(天模砂漠)이 자리해 베이징이 모래바람의 위험에 놓여 있다는 것을 보여준다. 동북향에 있는 미윈 저수지는 비교적 잘 보호된 상수원이지만 갈수록 수량이 줄어가는 이 저수지가 베이징 전체에 물을 공급하는 것은 상상할 수도 없다. 결국 베이징은 고육지책으로 황허의 물을 끌어들여서 식수원으로 써 왔다. 그러나 황허의 고갈로 이마저 여의치 않자 창지앙 물을 끌어올리는 남수북조南水北調 운동에 열을 올리고 있다.

베이징의 도심

이제 시 중심으로 들어가 보자. 베이징의 정중앙에는 구궁이 자리하고 있다. 해자垓字로 둘러싸인 이 성을 중심으로 베이징은 고리(環)로 확장되는 구조다. 현재 이 동그라미는 5~6겹으로 되어 있다. 4환까지는 4각형에 가깝고, 5환부터 6환까지는 사각형과 동그라미가 합쳐진 모양으로 되어 있다. 각 지역마다 거리가 다르므로 각 고리 간의 거리는 불명확하다. 표준으로 삼기 좋은 곳이 베이징 공항으로 가는 동북향이다. 구궁 동북 각루角樓에서 첫 번째 고리인 동쓰(東四)까지의 직선거리는 1.9킬로미터 남짓이다. 두 번째 고리인 동즈먼(東直門)까지는 3.5킬로미터 정도다. 두 번째 고리는 현재 지하철 2호선이 그 둘레를 다니기 때문에 선이 아주 명확하다. 세 번째 고리인 싼위앤치아오(三元橋)는 6킬로미터다. 이곳을 중심으로 주로 주요한 사무실들이 집결해 있다. 네 번째 고리인 쓰위앤치아오

베이징의 중심에 자리 잡은 구궁

(四元橋)까지는 8킬로미터다. 다섯 번째 고리인 우위앤치아오 (五元橋)까지는 12킬로미터이다. 지금 시 전역으로 봤을 때 완전히 개발한 구역은 네 번째 고리 선 내부라고 보면 베이징 집중부의 면적은 약 200제곱킬로미터 정도로 보면 맞다. 물론 베이징의 행정적인 총 면적은 16,400제곱킬로미터이고, 중심부 8개구(东城区, 西城区, 宣武区, 崇文区, 朝阳区, 海淀区, 石景山区, 丰台)의 총 면적은 1,040제곱킬로미터이다.

보통 이 고리 구조의 중심에서 방사형으로 뻗어가는 횡단선이 있기 때문에 베이징의 교통망은 거미줄처럼 상당히 훌륭하다. 하지만 아무리 훌륭한 가로망이라고 해도 급속히 늘어가는 베이징의 교통량을 감당하기는 무리다. 때문에 세 번째 고리 안은 시도 때도 없이 막히기 일쑤고, 출퇴근 시간이 되면 다섯 번째 고리까지도 정체 구간이 늘어난다.

베이징의 날씨

그럼 베이징의 날씨는 어떨까? 베이징은 전형적인 온난대 반습윤 대륙성 계절풍 기후로 사계절이 분명하고 봄, 가을은 짧고 여름, 겨울이 길다. 1월 평균 기온 섭씨 -5도, 7월 평균 기온 섭씨 26도, 연평균 기온 섭씨 11.9도이고, 연강수량은 635밀리리터이다. 여름은 덥고 비가 많은 편이며 겨울은 추위가 심하고 건조하다. 한 해 강수량의 75퍼센트가 7~9월에 집중적으로 내리기 때문에 겨울에서 봄까지는 상당히 건조하다. 봄은 날씨가 좋지만 황사와 강한 바람으로 인해 그 확률은 반반이다. 여름은 너무 덥다. 온도가 계속 상승해 섭씨 40도까지 오르내린다. 가을은 베이징 여행의 최적기지만 그리 길지 않다. 9월 중순부터 11월 초가 가을이라고 할 수 있다.

최근 지구 온난화의 영향으로 베이징 역시 급속히 온도가 올라가고 있다. 수년 전만 해도 겨울이 되면 이허위안의 쿤밍후는 꽁꽁 얼어서 여행객들이 호수 위를 마음껏 걸어 다녔다.

월별	1월	2월	3월	4월	5월	6월	7월	8월	9월	10월	11월	12월
평균기온 (℃)	-4.6	-2.2	4.5	13.1	19.8	24.0	26.1	24.4	19.4	12.4	4.1	-2.7
강수량 (mm)	3.0	7.4	8.6	19.4	33.1	77.8	192.5	212.3	57.0	24.0	6.6	2.6
비오는 날	2.0	3.1	4.1	4.6	5.9	9.7	14.1	13.2	6.8	5.0	3.7	1.6

베이징의 평균 강수량(출처 : 중국 기상국)

하지만 최근 수년 동안 얼기는 하지만 얼음의 강도가 강하지 않아서 마음대로 물 위를 걷지 못하게 하고 있다. 여름 역시 과거에는 온도가 올라가도 습도가 높지 않아서 사는 데 지장이 없었지만 최근에는 인공강우 등으로 인해 습도가 올라가 남방의 덥고 습한 날씨를 닮아가고 있다.

인공강우를 한다지만 635밀리리터의 강수량은 식물들이 살아가기에는 충분치 않다. 거기에 베이징은 완전 평지여서 지하수의 흐름도 원활하지 못해 나무 등 식물들이 살아가기에 쉽지 않다. 베이징에서 만나는 각종 나무들은 자생한 것이라기보다는 수백 년 동안 공을 들인 조경의 결과이다.

정치의 도시 베이징의 역사

원나라 때 거대도시의 기틀을 잡다

 베이징의 역사는 원시시대까지 거슬러 올라간다. 북경원인이 학계에 보고된 것은 1870년 영국의 고대척추동물학자 리처드 오원이 저우코우디엔 일대에서 포유류 유골을 발견하여 학계에 논문을 발표하면서였다. 이와 관련한 기사를 살펴보자.

 "1921년에는 스웨덴의 고생물학자 앤더슨이 이 지역에서 고대원시인류의 이빨을 발굴하였으며, 드디어 1927년 12월 2일, 중국의 고고학자인 페이원중(裵文中)이 30미터 깊이의 동굴 밑바닥에 한 사람이 겨우 들어갈 수 있는 동굴 속에서

69만 년 전의 것으로 추정되는 완전한 원인의 두개골을 발굴하였는데 이것이 바로 '북경원인'이다."(「오마이뉴스」 김대오 기자 기사)

"1933년, 페이원중은 다시 만 팔천 년 전의 것으로 보이는 인류의 화석을 발견하였는데 바로 '산정동인山頂洞人'이다. 10개에 달하는 산정동인은 원시몽고인의 특징을 갖고 있으며 체질적으로 북경원인보다 분명히 진보된 것으로 현 인류와 거의 비슷한 모습이다. 특히 3개의 완전한 성인남녀의 두개골은 각종 장식품을 하고 있는 것으로 보아 순장되었던 것으로 보이며 당시에 벌써 원시종교의 맹아가 싹튼 것으로 분석된다."(위 기사)

이후에도 여러 과정을 거치면서 저우코우디엔의 인류는 학계의 비상한 관심을 불러일으켰다. 이 전체적인 과정은 중국 사학계의 이덕일로 불릴 웨이난(岳南)의 『주구점의 북경인』에 자세히 기록되어 있다.

하지만 이후 베이징은 중국사에서 중심 무대는 아니었다. 기록 속에 나오는 중국역사의 대부분은 황허의 중상류인 샨시(陝西)성 쪽에서 시작한다. 황제나 염제의 묘나 요임금, 순임금의 묘도 이쪽에 있다. 치수의 제왕인 우임금의 묘는 저지앙 샤오싱(紹興)에 있는데 일반적으로 중국 고대 문화의 발생지는 황허 상류였다.

베이징이 도시로 본격화된 것은 서주(西周, BC 1046~BC 771) 시대에 속하는 BC 1045년 이곳에 연燕과 지薊가 나타나면서이다. 연은 지금 베이징의 인근이고 지는 행정구역상 톈진에 속하는 지셴이다.

우리가 베이징을 역사적 실체로 만나는 것은 춘추전국시대일 것이다. 춘추전국시대에 이곳은 연燕나라에 속했다. 연은 태자 단丹의 고국이다. 태자 단은 진시황이 된 영정瀛政과 친구였지만 영정이 정권을 잡은 후 그를 모욕하는 한편 야망을 드러내자 고향에 돌아와 자객을 찾는다. 이 과정에서 중국 협객의 비조라고 할 수 있는 형가荊軻가 나온다. 하지만 형가가 진시황 암살에 실패하자 그 후유증으로 연나라는 진나라의 초반기 정벌 대상국이 된다. 물론 분노에 찬 진시황에게 초토화되는 것은 당연지사였다. 진시황(BC 259~BC 210)은 BC 226년 이곳을 침략해 36개 군 중 하나의 군으로 삼는다.

역사소설 애호가들에게 베이징이 첫 번째로 등장하는 것은 『삼국지연의』(이후『삼국지』)에서이다. 『삼국지』에 보면 기주冀州라는 지명이 심심치 않게 등장한다. 지금도 허베이성의 단칭(單稱 : 각 성을 한자로 표시한 한자)으로 쓰이는 기冀는 원래 산시성 남부 하진현河津縣의 옛 지명이지만 삼국시대에도 지금 화북 지방 전반을 가리키는 지명이었다. 삼국지를 보면 유비의 고향이 탁현琢縣인데 이곳도 베이징 인근이다. 『삼국지』에서 기주를 첫 영역으로 한 인물은 공손찬(公孫瓚, ?~199)이다. 하지만 공손찬 당시의 지명은 유주幽州였다. 공손찬은 원씨袁

氏 집안과 맞서 싸우다가 자살한다. 이후 이곳은 원소의 구역에 속해진다. 『삼국지』에서 볼 수 있듯 원씨 집안은 지나치게 거만했다. 이 거만 때문에 원소는 관도官渡에서 10분의 1밖에 되지 않는 조조군에 대패한다. 조조와의 전쟁 후 기주가 쑥대밭이 되는 장면이 『삼국지』 중반에 나온다.

수나라(581~618) 때는 베이징은 탁군涿郡으로 불리는데 인구는 13만 명 정도로 기록되고 있다. 당대(618~907)에는 유주幽州로 불리는데 군사적 중요성뿐만 아니라 무역도시로서의 면모도 갖추게 된다.

요(辽, 916~1125)가 북방을 지배하던 시기에는 도시로서의 기능을 갖추기 시작해 남경성南京城으로 불린다. 당시 성터는 현재 서남향 바이윈관(白云观) 인근이다. 이후 금金이 세워지면서(1153) 베이징은 중도성中都城이 된다.

베이징이 정치적 도시로서 빛을 본 것은 원나라(元, 1271~1368) 때이다. 유럽까지 영역을 넓힌 위대한 칭기즈칸은 1215년 베이징을 점령하고, 연경燕京으로 이름을 바꾸었다. 그러다가 1272년에는 쿠빌라이(世祖, 1215~1294)가 수도를 연경으로 옮기고 이름을 대도大都로 개칭했다. 이때가 베이징이 역사상 첫 번째로 국가의 수도가 된 때이다.

지금도 이곳은 원나라 때 유산이 있는데 가장 대표적인 것이 후통(胡同)이다. 베이징의 오래된 도시망을 일컫는 후통은 몽고어로 우물을 말한다. 과거 베이징의 촌락은 우물을 기점으로 해서 복잡하게 꾸며져 있는데 이것이 후통이다. 이후 궁전 부분은 개축, 증축의 역사를 밟았지만 후통은 그대로 존속하면서 지금도 그 형태를 유지하고 있다.

베이징이 역사의 주무대에 등장한 것은 명나라(1368~1644) 때이다. 명의 시작점은 베이징에서 남쪽으로 1,000킬로미터 떨어진 난징(南京)이었다. 천도자는 내부 권력투쟁에서 동생을 죽인 3대 황제 주체(朱棣, 재위 1402~1424, 영락제)이다. 명 주원장(朱元璋, 재위 1368~1398, 홍무제)의 넷째 아들인 주체는 조선 태종과 닮은 인물이다. 그는 주원장의 시대에 왕에 봉해져 베이징 부근을 지배하고 하고 있었다. 그런데 주원장이 죽자, 혼란 속에서 형의 아들인 윤문이 2대 건문제(재위 1398~1402)에 올랐다. 주체는 이걸 용인하지 않고 난징으로 쳐들어가 왕위를 찬탈했다. 물론 이 집안싸움의 근원지는 여러 곳에 있었지만 어떻든 그는 조카를 주살하고 황제에 올랐다. 처절한 전쟁으로 건문제는 시체조차 찾기 힘들었는데, 혼란 속에서 주체는 난징 대신에 그의 오랜 영역인 베이징에 새로운 도시를 건설할 계획을 갖게 된다. 1421년 즈진청(紫禁城)이 완성되고 영락제는 거대한 낙성과 더불어 당시 베이핑(北平)으로 불리던 이곳을 베이징(北京)으로 칭하고 수도로 삼는다.

이후 베이징은 중국 정치의 중심이 된다. 영락제의 치세로 인해 기반을 잡은 명은 몽골 등 외세가 그다지 번성하지 않아 비교적 안정적인 시기를 지낸다. 물론 궁궐 내부는 부패해 가고 각기 다른 스타일로 정치에 무관심한 황제들이 연속해 가면서 속이 곪는다. 여행자들이 많이 찾는 명 13릉 중 장릉長陵

의 주인공 주익균(朱翊鈞, 재위 1572~1620, 만력萬曆)은 48년의 기나긴 재위 기간을 가졌는데 스승이자 섭정자 장거정張居正이 죽은 후 정치에서 거의 벗어나 신하조차 황제를 볼 수 없을 정도였다.

명의 마지막 황제 숭정제는 비극적으로 명 왕조를 마감한 황제가 됐다. 명나라의 멸망을 촉진한 인물은 이자성이다. 명나라는 그다지 기반이 튼튼하지 않은 나라였음에도 가혹한 수탈로 백성들이 항상 위기 속에 있었다. 거기에 1628년 산시(陝西) 지방에 대기근大飢饉이 일어나자 작은 봉기들이 일어났다. 거기에 재정난을 타개하기 위해 전국에 있던 역참驛站을 폐지하였는데, 갑자기 생계를 잃은 역졸驛卒들과 군량미를 지급받지 못한 군인들도 반란에 가담하게 되어 규모는 급속히 확대되었다. 초기의 반란지도자는 왕가윤王嘉胤, 고영상高迎祥 등으로, 그 무리는 3~4만에 이르렀는데, 이들은 산시(山西), 허난성(河南省) 방면으로 진출했다. 이자성은 산시성 옌안(延安)에서 태어난 중농中農의 아들이었으나 가세가 기울어 목동·역졸·군인으로 전전하다가 굶주린 무리를 이끌고 반란에 가담하여 두각을 나타내어 1631년 대장隊長이 되었고, 1636년 고영상이 전사한 뒤에는 수령이 되어 스스로 틈왕闖王이라 하였다.

그는 다른 반란군 수령들이 투항한 후에도 계속 항쟁을 벌여 세력을 떨쳤으며 허난(河南)에 이어 1641년 뤄양(洛陽)을 점령해서 복왕福王을 죽이고 그 재산을 모두 백성들에게 나누어

주었다. 당시 이들의 집단은 군기가 엄한 것으로 이름이 났고 균전제均田制의 실시와 조세租稅의 철폐 등을 반란 명분으로 내걸어 호응을 얻었다. 1643년 시안을 점령하여 이를 도읍으로 삼고 국호를 대순大順이라 하였으며, 관제를 정비하고 화폐를 발행하였다. 이어 명나라의 수도 베이징을 공격했다. 당시 오삼계吳三桂가 이끌던 명나라 군대의 주력부대는 만주에서 새로 일어난 청나라의 침략에 대비해 산하이관에 있었기 때문에 베이징은 쉽게 함락되었고, 숭정제가 자살함으로써 명나라는 멸망했다(1644). 후에 이자성은 오삼계의 군대에 대패하여 베이징에서 시안으로 후퇴하였다가 청나라 군대의 추격을 받고 후베이(湖北)로 달아나 자살했다.

숭정제의 비극적인 자살 이후 그 자리를 차지한 것은 청(淸, 1636~1912)이었다. 선양에서 나라를 세운 청은 순치제(順治帝, 1638~1661) 때 천하의 좋은 기회가 왔다. 명이 불안한 틈을 타서 산하이관으로 왔는데, 오삼계가 문을 열어줘 너무도 쉽게 중원을 장악했다.

순치제는 인구 100만 명의 여진족으로 7,000만 명 정도의 인구를 가진 중원을 장악한 것이다. 사실 이런 왕조의 교체야 흔하디흔한 일이니 별 사건이 아닐 수 있다. 하지만 순치제 이후 강희제(康熙帝, 재위 1661~1722), 옹정제(雍正帝, 재위 1722~1735), 건륭제(乾隆帝, 재위 1735~1795)로 이어지는 134년은 중국 역사에서 가장 중요한 시기이자 사건이라고 해도 과언이 아니다. 세 황제의 앞 휘호를 따서 '강·옹·건 시대'로 불리는 이 시기는 현재 중국이 가진 영토뿐만 아니라 제도, 사상 등 모든 것을 완성한 시기다. 서양 작가인 조너선 스펜스도 이 황제들의 전기를 썼는데, 이 세 황제는 동서양을 통틀어 가장 완벽한 지도자상을 갖고 있다.

강·옹·건 3대의 성숙

강희제는 세상 모든 것을 다 나눠도 권력은 나눌 수 없다는 이치를 알았기에 오삼계 등 개국의 공이 있는 세력 가운데 반항하는 세력을 없애는 한편 러시아, 몽골 등과도 국경을 정리했다. 또한 티베트에서 달라이 라마와 판첸 라마가 정치적 대립으로 혼란한 틈을 타서 티베트에서 정치적 영향력을 확보했다. 중국으로서는 티베트에 첫 번째로 정치적 힘을 갖는 시기였고, 티베트로서는 훗날 곤란을 겪는 단초가 되었다. 강희제는 "만리장성이 중원을 보호해 준 적이 없고, 그 공을 들여 백성을 핍박하느니 차라리 장성 밖에 행궁을 짓고, 사냥터를 만들겠다."는 의지를 현실로 만든다. 강희제는 사냥에서 하루에만 대여섯 마리의 호랑이와 수십 마리의 사슴을 잡을 만큼 무예가 뛰어났다.

반면에 옹정제는 내부에서 문서에 파묻혀 살며 지나치게 비대해진 지방 권력을 분산하는 한편 중앙집권을 강화했다. 그는 강희제가 지나치게 방만하게 키운 것을 잘 다듬어 놓았다. 옹정제의 뒤를 이은 건륭제는 할아버지 강희제를 빼다 박은 황제였다. 전국을 순행하면서 국가의 기틀을 확고히 했다. 강희제 때 8,000만 명을 넘은 중원 인구는 옹정 2년(1724) 1억 명을 넘었고, 건륭 31년(1766)에는 2억 800만 명에 달했다. 건륭 49년(1784)에는 2억 8,600만 명을 넘었으며, 광서 27년(1901) 때는 4억 2,600만 명에 달했다. 6,000만 명에 가까운 인구로 시작해 5,100만 명으로 끝난 명에 비하면 청이 얼마나 훌륭한 왕조였는지를 보여준다.

달도 차면 기우는 법, 건륭제 때가 보름이었는지 가경(嘉慶帝, 재위 1796~1820), 도광(道光帝, 재위 1820~1850), 함풍(咸豊帝, 재위 1850~1861)으로 이어지는 시기는 중국이 몰락해 가는 시기였다. 1780년 건륭제의 만수절 행사에 자재군관으로 갔던 연암 박지원의 『열하일기』를 보면 서양의 사신을 발톱 때 보듯이 했던 건륭제의 우쭐함은 아랫대로 오면서 급속히 위축됐고, 함풍제는 청더에서 베이징조약(1860, 조계지 설치 및 홍콩 할양 등 포함)에 서명하는 수모를 겪었다. 아편전쟁 등을 겪으면서 베이징의 상처도 깊어 갔다. 이허위앤(頤和園), 위앤밍위앤(圓明園)이 불타고 주요 유산은 제국주의 군대의 손에 들려서 서양으로 갔다.

영화 <마지막 황제>에서 보여주듯 부의(溥儀, 선통제, 재위 1908~1912)는 즈진청의 문턱을 자르고 자전거를 탔다. 1912년 청이 무너지고 중화민국이 세워졌다. 임시정부는 난징에 만들어졌지만 쑨원(孫文, 1866~1925)과 권력 투쟁을 해나가던 위안스카이(袁世凱 1859~1916)는 베이징으로 수도를 정했다. 1916년

위안스카이가 중화민국의 황제에 취임하겠다고 하는 등 게걸음을 계속하다가 같은 해 죽었다. 이후 각 지역은 군벌의 시대로 갈기갈기 나눠지면서 베이징은 애매한 입장이 됐다. 1937년에는 베이징 서남부 루거우치아오(盧溝橋)에서 중일전쟁의 신호탄이 올랐다. 이후 베이징의 정치적 기능은 난징으로, 다른 기능은 상하이로 이전했다.

베이징이 다시 중앙정치로 나선 것은 1949년이다. 처음에는 황건적의 작은 무리 같았던 홍군紅軍은 대장정 등을 거친 후 급성장했고, 서안사변(1936년 12월 12일 동북군 총사령관 장쉐량이 국민당 정권의 총통 장제스를 납치해 공산당과 협력하게 한 사건)을 거치면서 국민당과 어깨를 겨누었고, 1949년 10월 1일에는 톈안먼 망루에 올라 중화인민공화국의 선포를 알렸다.

공산화 이후 베이징이 정치 수도가 되는 것을 두고 논란이 없던 것은 아니었지만 다행히 베이징은 중화인민공화국의 수도로 작용하게 됐다. 이후 베이징은 역사의 도시에서 정치의 도시로 다시 자리하게 되었다.

수도인 만큼 베이징은 격랑의 중국 현대사의 중심이 됐다. 1949년 12월 16일 스탈린의 70세 생일 직전에 마오쩌둥은 모스크바를 방문했지만 큰 성과는 없었다. 중국은 이제 혼자서 살아가야 하는 것을 절감했다. 거기에 공산화된 지 1년도 되지 않아 발생한 1950년 한국전쟁의 격랑은 베이징이라고 예외가 될 수 없었다. 1957년부터는 성벽을 부수고 신작로를 내는 등 대약진 운동을 했다. 이후 실적이 부족해 수천만 명을

지금은 기념관이 된 라오서의 옛집

아사로 몰아넣은 책임으로 마오가 주석에서 물러나고 류샤오치(劉少奇, 1898~1969)가 임명됐다. 1966년에는 문화대혁명이 시작됐다. 마오는 4인방이 주도하는 이 광풍을 용인했다. 이라도 안 되면 자신의 위상이 추락될 것이 뻔했기 때문이다.

베이징도 예외 없던 문화대혁명

지금도 여행자들이 많이 들르는 곳 가운데 하나인 왕푸징에는 라오서지니엔관(老舍紀念館)이 있다. 작가 라오서(1899~1966)를 기리기 위해 만든 곳이다. 그는 가난한 집에서 태어났지만 베이징사범학교를 나온 후 1924년에는 런던대학교로 유학을 다녀왔다. 특히 1934년 발표한 『루오투오샹즈(駱駝祥子)』는 미국에서 베스트셀러에 올랐다. 중일전쟁 시에는 문인들의 항전운동의 중심에 섰지만 1947년에 미국에 건너가 글을 쓰는 한편, 미국에 중국의 상황에 관해 알리는 역할을 했다.

공산화 이후 총리 저우언라이는 라오서에게 귀국을 요청했고, 1949년 12월 9일을 톈진항에 도착한다. 저우언라이는 1950년 4월부터 왕푸징에서 가까운 펑푸후퉁(丰富胡同) 19번지에 살기 시작했다. 전형적인 쓰허위앤(四合院) 구조인 그의 집은 아주 소박하다. 옆으로 난 문을 들어가서 정원으로 가면 작은 감나무가 있다. 때문에 그는 그곳에 단스샤오위앤(丹柿小院)이라는 소박한 이름을 붙였다.

하지만 그에게 비극은 왔다. 1966년 8월 23일 베이징시 문학연맹(文联)에서 문화대혁명 활동에 참가하라는 통보가 왔다. 23일 오후 그는 샤오쥔(箫军), 두완무즈량(端木籍良), 쉰후이성(荀慧生) 등 30명의 작가와 함께 주자파(走资派, 자본주의자), 우귀사신(牛鬼蛇神, 잡귀신), 반동문인(反动文人)이라는 팻말을 달고 공먀오(孔庙) 따청먼(大成门) 앞에서 헐고 불구멍이 난 경극 복장을 한 채 비난을 받았다. 그가 받은 죄목은 '홍위병에 대항하고(对抗红卫兵), 혁명에 반했다(现行反革命).'라는 것이었다. 24일 새벽 홍위병들은 라오서에게 오전에 다시 오라는 지시와 함께 풀어줬다. 라오서는 16년간 살았던 단스샤오위앤에서 옷을 갈아입고 나와 타이핑후(太平湖)를 향했다. 67세의 그는 24일 저녁이 될 무렵 그곳에서 호수에 몸을 던졌다. 격랑의 현대사와 중일전쟁을 겪었음에도 풍자와 유머의 작가로 불리던 그의 최후 치고는 너무 비극적이었다. 그리고 영화 <인생>(장이모 감독)에서 보던 것 같은 문화대혁명 광풍이 시작됐다. 지식인과 자본가는 철저히 능멸의 대상이 됐다.

문화대혁명이 시작된 지 10년가량이 지난 1976년 새해 첫 아침. 10년 동안 권력을 좌우하던 4인방은 너무 기고만장했다. 첫 해를 여는 인민일보의 권두시부터 그다지 상서롭지 못했다. 그해 권두시로 1965년 마오쩌둥이 개작한 '새들의 문답(念奴嬌 鳥兒問答)'이 실렸는데 그 내용에는 "똥 뀌는 소릴랑 집어치우게. 두고 보시라, 하늘은 기필코 뒤집어질 터이니."라는 문구가 있었다. 이 시는 신문에 실리기 전에 혼수상태를 막 벗어난 저우언라이에게 읽혀졌고, 저우언라이는 자신의 처지가 한스러워 한밤중에 울었다고 한다.

'새들의 문답'이 발표되고 일주일 후인 1월 8일, 당시 중국에서 가장 사랑받던 정치가 저우언라이(周恩來, 1898~1976)가 영면했다. 저우언라이의 죽음 이후 3월 만주에는 많은 별똥별이 떨어졌고 민심은 뒤숭숭해졌다. 그리고 중국은 잠시 마오쩌둥 중심의 극좌적 조류에 휘말렸다. 3월 25일 문화대혁명을 촉발했던 상하이의 「원후이바오(文匯報)」는 저우언라이에 대한 비판 기사를 쏟아냈다. 이 신문은 저우가 주자파(走資派)라며, 공격의 포문을 열었다.

마오보다 더 사랑받았던 저우에 대한 이 공격에 시민들은 분노했다. 시민들은 항의의 의미로 30일부터 톈안먼 광장에 그를 추모하는 화환을 바치기 시작했고, 분위기가 심상치 않음을 감지한 중국 정부는 청명절이던 4월 5일 무자비한 체포로 시위를 잠재웠다. 이것이 바로 '베이징의 봄'으로 불리는 1차 톈안먼 사태, 4·5운동이었다.

한편 항상 저우언라이와 마오 옆에 있던 주더(朱德, 1886~1976)도 7월 7일 세상을 떴다. 부유한 집안에서 태어나 아편을 즐기던 부르주아에서 중국 혁명의 최전방에 섰던 사령관이 되기까지 주더의 삶은 한 편의 소설이었다. 영원한 총사령관 주더는 당시 정국만큼이나 쓸쓸하게 눈을 감았고 그의 죽음은 그다지 주목받지도 못하는 사건이 되어 버렸다.

1976년은 두 별의 몰락만으로 끝나지 않았다. 7월 26일에는 허베이(河北)성 인구 100만의 도시 탕산(唐山)시에서 시작된 지진이 중국 전역을 휩쓸었다. 공식적인 사망자만 24만 2,000명(14만 8,000명이라는 주장도 있다)을 낸 탕산 지진은 200킬로미터 떨어진 베이징과 톈진의 오래된 가옥까지 상당수 부숴버릴 만큼 강력했다.

결국 용띠 해의 비극은 별의 몰락으로까지 이어졌다. 9월 9일 새벽 1시 10분 '중국의 붉은 별' 마오쩌둥이 사망했다. 1893년 12월 26일 후난성 창사(長沙)의 남부인 샤오산(韶山)에서 출생한 그는 장사꾼이 되라는 아버지의 뜻을 어기고, 배움에 대한 남다른 열정을 갖고 있었다. 공산주의뿐만 아니라 중국 고전이나 역사에 해박한 지식을 갖고 자신의 정치사상을 세웠다. 장정의 후반을 이끌고 당을 장악했으며, 1949년 공산화를 이끌어냈다. 하지만 공산혁명 성공 이후 주변국의 비협조나 국내외 정세의 변화 속에서 위험한 줄다리기를 계속했다. 그 과정에서 목숨을 같이했던 동료이자 동향 후배인 펑더화이를 실각시켰고, 류샤오치와 덩샤오핑을 밀어냈다. 또 부정적인 평가가 지배적인 문화대혁명(1966~1976)을 묵과한 것도 그의 실책으로 분석된다.

하지만 이런 문제를 넘어서 근현대의 전환기에 갈기갈기 찢길 가능성이 다분했던 중국을 하나의 나라로 묶어내고 자주 국방을 만들어낸 것은 누구도 부인할 수 없는 마오쩌둥의 저력이라는 평이다. 비록 정치투쟁은 했지만 덩샤오핑의 마지막 숨줄인 당적을 유지시켜 훗날 부활할 수 있게 하기도 했다. 이 때문에 덩샤오핑 스스로도 마오의 방향을 높게 평가하기도 했다.

덩샤오핑, 장쩌민 등 권력 승계의 현장

죽음에 임박한 마오쩌둥에게 뒤를 보장받은 총리 화궈펑(華國鋒, 1921~)은 원로 예젠잉(葉劍英), 녜룽전(聶榮臻) 등과 함께 문화대혁명을 이끌던 장칭(江靑)을 비롯한 4인방을 몰아낼 준비를 했다. 이 작전은 마오의 부장인 군사령관 왕둥싱(汪東興)이 주도해 10월 6일 4인방을 체포했다. 결국 문화대혁명은 1977년 8월 제11기 전국인민대표대회에서 공식적으로 종결이 선포됐다. 마오의 자리는 화궈펑이 차지했다. 하지만 마오의 복제품 같았던 화궈펑은 험난한 정치 투쟁을 이기기에 부족했다. 잠룡(潛龍) 덩샤오핑이 광둥성의 원로인 쉬스유(許世友)의 도움으로 부주석, 정치국 위원, 군사위원회 위원 등에 복직했다. 1977년 7월 복직된 덩샤오핑은 5년에 걸쳐 화궈펑과 경쟁했다. 화궈펑은 여전히 마오쩌둥의 방식을 고집한 반면 덩샤오핑은 해외를 순방하면서 도움을 청하는 등 세련된 기법으로 정치에 나섰다.

덩샤오핑은 실권을 장악한 후 경제정책을 최우선으로 했다. 1979년 4월 중앙위원회 업무회의에부터 현 중국 발전의 초석이 된 경제특구에 관한 논의를 시작했고 시행했다.

그해 7월 전국인민대표자대회에서는 농업에 관심을 기울이는 경제 형태로 돌아갈 것을 주창하는 동시에 4개 현대화가 주로 거론됐는데, 여기에서 천원(陳雲, 1905~1995)은 재정긴축을 요구하는 등 개방의 호흡조절을 역설했다. 1980년 9월 덩샤오핑의 오른팔 자오쯔양(趙紫陽, 1919~2005)이 화궈펑을 대신해 총리에 임명되면서 덩샤오핑은 실질적으로 모든 권력을 장악했다. 덩은 이후 다양한 외부 환경 속에서 경제발전을 위한 토대 만들기에 치중했다. 다행히 1982년과 1983년 62억, 52억 달러의 무역흑자가 났다.

하지만 1985년은 이전의 폐쇄사회와 그간 진행된 개방 사이의 문제가 급속히 부상하기 시작했다. 조너선 스펜스는 당시에 '농업생산, 1가구 1자녀 정책, 공업 인센티브제와 경제특구, 지적 표현, 대미-대소 관계, 당 조직과 군대의 정리와 재편, 인민저항의 합법성' 등이 초미의 관심사이자 불화의 근원으로 자리하고 있다고 봤다.

이런 불안 속에서도 사회는 계속해서 변화해 갔다. 막후의 실세인 덩샤오핑은 1987년 11월 말 리펑(李鵬)을 임시 총리로,

당과 군대에 영향력을 가진 양상쿤(楊尙昆)을 국가주석으로 밀었다. 하지만 1988년 경제상황은 그다지 좋지 않았다. 물가는 계속 오르고 있었고 농민들은 환금작물의 재배를 위해 곡식생산이 줄어 배급제에 문제가 나기도 했다.

중국의 현대사를 상징하는 톈안먼(天安門)

하지만 인사가 만사인 게 정치인데, 덩샤오핑의 인사는 그다지 똑 부러지지는 않았다. 가장 큰 예가 리펑의 무능력이었다. 마이니치 신문의 기자로 톈안먼에 관한 상세한 책을 쓴 가미무라 고지의 『중국 권력 핵심』에는 리펑에 관한 농담을 소개하는데, 그 농담 속에서 리펑은 "나는 할 줄 아는 것이 아무 것도 없다."는 말로 그를 소개할 만큼 경멸과 조롱의 대상으로 보고 있다.

이런 모든 상황은 1989년 6월 4일 톈안먼 광장에서 벌어진 비극으로 가는 빌미를 제공하고 있었다. 프랑스 혁명 200주년이자 5·4운동 70주년, 중화인민공화국 건국 40주년인 이 해는 그간의 개방의 속도와 갖가지 갈등이 중층적으로 작용하고 있었다. 이런 분위기 속에서 1989년 4월 15일 후야오방(胡耀邦, 1915~1989)이 심장마비로 사망한다. 변화를 바라는 층에서는 이 흐름을 호기로 생각했다. 특히 후야오방은 1986년과 1987년 학생시위를 옹호했다는 비판을 받았고, 이 때문에

1987년에는 해임됐고, 해임과정에는 자기비판서까지 제출했으니 그에 대한 동정은 자연스러운 흐름이었다. 1976년 저우언라이가 죽었을 때, 톈안먼 시위에 암묵적인 동의를 보낸 덩샤오핑이 권좌에 있는 만큼 한 번 목소리를 내볼 심사였다. 22일 장례식날 광장의 진입을 통제했지만 광장에 군중은 늘어나기 시작했고, 5월 17일에는 100만 명이 넘는 사람이 모인 것으로 추산됐다. 언론 역시 서서히 호의를 갖기 시작했다. 좀 더 강한 개방주의자인 자오쯔양은 5월 19일 광장에 가서 단식 농성하는 이들을 눈물을 훌릴 듯한 모습으로 말렸다. 하지만 다음 날 리펑과 양상쿤은 계엄령을 선포했고, 인민해방군이 베이징으로 들어오기 시작했다.

덩샤오핑은 톈안먼의 진압을 추인했고, 그 전면에 장쩌민이 섰다. 6월 3일 밤늦게 군은 광장에 대한 대대적인 진압작전을 시작했다. 군의 진압으로 사망한 숫자는 정부 발표가 319명(군인 포함)이고, 당시의 외국 언론의 보도로는 2,000~3,000명가량이다. 당시 현장을 취재했던 솔즈베리나 가미무라 고지 등은 현장에서 벌어진 잔악성을 그들의 책에서 잘 표현하고 있다. 1976년 톈안먼에 빚진 덩샤오핑이 내린 결정 가운데 최악이었다. 더욱이 5월 30일을 전후로 대학생들이 광장에서 서서히 빠져나가는 등 열기가 식고 있는 상황에서 벌어진 일이기에 더욱 그러했다.

6월 24일 중국 공산당 제13기 중앙위원회는 전체회의를 열어 「자오쯔양이 범한 잘못에 관한 보고」를 채택하는 동시에 장쩌민을 총서기로 정식 선출했다. 톈안먼에서 물러나야 할 첫 번째 대상으로 불린 리펑을 전면에 내세울 만큼 덩샤오핑은 어리석지 않았다. 대신에 상하이 당서기였지만 중앙 정치에 거의 얼굴을 드러내지 않았던 장쩌민이 그 자리를 차지했다. 장쩌민은 혼자 올라오지는 않았다. 그의 오른팔인 쩡칭훙(曾慶紅)을 비롯해 그와 함께 성장했던 많은 이들이 그를 동행했다. 중앙정치에는 곧바로 상하이방이라는 말이 탄생했다.

톈안먼은 국제사회에서 중국에 대한 거센 반감을 불러일으키기에 충분했다. 누구나 덩샤오핑이 지도자라는 것을 알기에 그에게는 그만큼의 책임이 갔다. 1989년 9월 4일 덩은 당 정치국에 사표를 써서 보냈다. 당시의 상황이 부담스러웠던 원로들도 사표를 받는 데 동의했다. 그렇다고 '오뚝이'가 움직일 수 있는 한 가만히 있을 리는 만무했다. 1990년을 맞이하는 춘지에(설날)는 상하이를 방문해 푸둥 개발을 역설하는 주룽지를 만났다. 이 길에서 덩샤오핑은 장쩌민과 어울리지 않는 리펑이라는 짝 대신에 주룽지로 바꿀 생각을 갖게 됐다.

덩샤오핑은 여전히 건재했다. 1992년 1월 19일 오전 9시 광둥성 선전(深圳)에 덩샤오핑을 태운 기차가 도착했다. 유명한 남순강화南巡講話의 시작이었다. 주하이(珠海)를 거쳐 상하이에서 막을 내린 이 길에서 덩샤오핑은 지속적인 개방을 확실시 했다. 험난한 정치투쟁에서 세 번이나 살아난 덩샤오핑은 죽음 앞에서는 일어설 수 없었다. 1996년 2월 19일 밤 9시 파킨슨병에 의한 호흡순환기능부전으로 사망했다.

포스트 덩샤오핑 시대에도 중국경제는 급성장했다. 장쩌민은 신속히 당과 군을 장악해 일인자로 군림했다. 장쩌민 시대에는 매년 10퍼센트씩 경제가 성장했다. 엄청난 속도였고 급속한 경제의 팽창은 다른 사안들을 잠재우기에 충분했다. 하지만 빈부격차는 엄청나게 커갔고, 중국 국부의 70~80퍼센트를 공산당의 자제가 갖고 있다는 평들이 이어졌다.

2002년 11월 열린 '중국공산당 제16차 전국대표대회'에서는 모두가 일정한 수준의 부를 누리는 샤오캉(小康) 사회가 주창 되었는데 이는 사회적 불평등이 증가한다는 것을 역으로 증명해 준다. 2003년 장쩌민, 리펑, 주룽지 등 3세대 정치인들은 3월 전국인민대표대회를 끝으로 공식석상에서 물러났다. 후진타오, 쩡칭홍, 원자바오 등이 부상했다.

장쩌민 중심의 3세대들은 뒤로 물러서는 듯이 보였다. 이들은 연령적으로 봤을 때, 당시 70세 전후고 더러는 1949년 해방 이전에 공산주의 운동에 참여해 대외적인 명문도 높은 편이다. 또 덩샤오핑 이후 중국 부흥을 이끌었던 실무진이었다는 점에서 원로의 목소리는 상대적으로 높다. 그럼 어떻게 원로가 구성될까? 우선 지난 제15차에 정치국 상무위원으로 일하다가 동반 퇴진한 장쩌민과 리펑, 주룽지, 리루이환(李瑞環), 웨이젠싱(尉健行), 리란칭(李嵐淸) 등이 선두에 섰다. 이들은 각기 자신의 전문 분야가 있다. 하지만 이들은 동반자적 원로로 활동하기보다는 여전히 강한 카리스마를 가진 장쩌민의 주도하에 움직이는 원로세력으로 작용했다.

하지만 당시 중국 정계의 인물 편향은 우리가 상상하는 것 이상이었다. 우선 지역적으로 봤을 때, 중심축이 과거 후난성(湖南) 중심의 인물구도에서 서서히 지앙쑤(江蘇), 저지앙(折江) 등으로 움직였다. 그런데 시간이 흘러도 후진타오의 지배력에는 분명한 한계가 있었다. 그런 가운데 2007년 제14차 전인대의 키워드는 '원로정치의 부활'이었다.

사실 중국 정치에서 원로정치의 이런 흐름은 계속됐다. 건강을 잃은 덩샤오핑은 원로들과 힘을 합쳐서 자오쯔양을 밀어내고 장쩌민을 후계자로 결정했다. 그때까지의 특징은 원로들이 있긴 했지만, 덩샤오핑이나 장쩌민 모두 후진타오에 비해 강력한 카리스마로 권력을 잡아 힘을 행사할 수 있었다는 것이다. 이런 상황에서 그들의 힘을 아는 덩샤오핑과 장쩌민은 원로들의 정치적 힘을 약화시키는 조치를 시행해 원로정치의 가능성을 줄였다. 거기에다 공산당 초기 원로들은 1990년을 전후로 모두 영면했다. 물론 '8대 원로' 가운데 보이보(薄一波)는 2008년 초 사망했지만 예젠잉(1986년 사망), 천윈(1995년 사망) 등이 사망한 후 원로의 힘은 급속히 약화됐다.

그런데 국가주석직은 물론이고 군사위 주석까지 넘긴 후 장쩌민은 권력의 무상함을 느낀 것으로 보인다. 장쩌민의 직계인 상하이방으로 분류되던 쩡칭훙이나 그의 세력으로 꼽히던 자칭린 등이 장쩌민 퇴진 후 태도가 다소 변해, 장쩌민으로서는 섭섭하기도 했을 것이다. 거기에 주룽지 전 총리 등은 일선에서 물러났지만, 당대 권력 체계를 만든 인물들인 만큼 원로회의 같은 제도가 없다고 해도 아무 일도 하지 않을 수는 없었다. 거기에 장쩌민 전 주석은 하루 600미터씩 헤엄을 치고 두 차례씩 전신안마를 받는 등 건강에 깊은 관심이 있었다. 또한 자신을 호위하는 세력들을 보호해야 할 책임도 있었다.

결국 장쩌민은 2007년 전인대가 있기 1년 전부터 베이징에 머물면서 주변을 다지기 시작했고, 자신이 예봉을 꺾었던 원로정치의 부활을 시도하고 있다. 전인대 시작일인 15일 「인민일보」 사설을 보면 이런 기운을 감지할 수 있다. 덩샤오핑 이론과 장쩌민의 사상인 '삼개대표' 이론은 사설 서두에 들어간 반면, 후진타오의 조화(和諧) 사상은 두 번째 맥락의 후반에 「해방사상, 개혁개방의 유지, 과학발전의 추진, 조화사회의 촉진을 통한 샤오캉(小康) 사회 신승리, 중국 특색 사회주의의 신 국민을 통한 분투」에야 나타난다.

그런 가운데 22일 최종 결정되는 새로운 상무위원단의 구성은 그런 변화를 가름하는 분수령이 됐다. 결국 인선과정에서 자신의 인물을 채우려는 후진타오 현 주석과 여전히 입김을 되살리려는 장쩌민 전 주석 등 전임자들 간의 힘 대결은 당연한 일이었는데, 장쩌민의 막후역할이 여전한 것으로 나타났다.

새로운 상무위원진으로 후진타오, 우방궈, 원자바오, 자칭린, 리장춘, 스진핑, 리커지앙, 허궈지앙, 저우용캉 등이 뽑혔다. 상하이방 3인(우방궈, 자칭린, 리창춘)과 태자당 2인(시진핑, 허궈창), 친 쩡칭홍계 저우용캉을 합치면 9명 가운데 6명이 장쩌민 중심에서 나왔다는 점이 시사하는 바가 있다. 또한 차기 후진타오를 이을 후계 주자가 상하이방의 후계자인 시진핑이란 점도 앞날을 예측하게 해준다.

베이징의 당대 문화 - 치엔먼, 스차하이, 따산즈

　사실 문화라는 말은 모든 문명을 포괄하기 때문에 한마디로 설명하는 것은 쉽지 않다. 때문에 베이징의 몇 단면들을 통해 당대 베이징을 관류하는 문화의 단면을 짚어낼 뿐이다. 사실 당대 문화는 가장 빨리 변화하기 때문에 그 포인트를 포착하기가 쉽지 않다. 더욱이 1~2년이면 지역 전체가 탈바꿈하는 베이징의 당대 문화를 체크하는 것은 더욱 그렇다. 때문에 몇 지역의 문화적 흐름을 포착해 전달할 수밖에 없다.

　첫 번째 장소는 치엔먼(前門)이다. 치엔먼은 우리 남대문과 같은 곳이다. 베이징의 전통 상점으로 황제들이 비밀 순행을 다닐 때 즐겨 찾던 곳이다. 100년이 넘은 가게들이 즐비한데 이곳도 후통 철거 계획으로 인해 급속히 변하고 있다.

두 번째 장소는 스차하이(什刹海)다. 이곳은 후통이었던 지역이 상업성 짙은 바 거리로 탈바꿈하는 곳이다. 거기에 최근에는 서양 문화가 유입되면서 더욱 복잡한 양상을 띠고 있다.

세번째는 따산즈(大山子)이다. 이곳은 중국 당대 미술의 공간이기도 하지만 문학, 음악 등의 예술가들도 집결하는 문화의 핵이다. 중국 정부도 구궁, 창청과 더불어 3대 관광특구로 지정해 육성하고 있다. 세 곳을 통해 중국문화가 무엇을 고심하고, 무엇을 꿈꾸는지를 살펴볼 수 있다.

치엔먼, 살아있는 베이징 문화의 현장

치엔먼은 우리나라로 치면 광화문에서 남대문까지의 거리이다. 그곳을 넘어가면 황제들의 공간인 반면에 치엔먼의 앞은 황실이 존재할 수 있게 하는 바탕이 됐다. 치엔먼에서 앞을 바라보면 앞으로 치엔먼따지에(前門大街)가 펼쳐진다. 이 길은 정양먼(正陽門)의 지엔로우(箭樓)에서부터 텐치아오차이스창(天橋菜市場)까지 1.3킬로미터 가량인데 양 옆으로는 역시 수백개의 크고 작은 후통이 늘어서 있다.

1780년 박지원도 이곳에 섰다. 그는 건륭제의 70세 생일인 만수절의 사신단 일행으로 이곳을 찾았다. 당시는 1661년 제위에 오른 강희제부터 옹정제, 건륭제에 이르는 강·옹·건 3대의 황금기가 절정에 이른 때이다. 120년 가까운 시간 동안에 중국의 국력은 급신장했고 어떤 이들은 이 시기 중국의 GDP가

세계 GDP의 40퍼센트에 이르렀다고 한다. 어떻든 이 120년 동안 중국의 인구는 급증했다. 아직도 반청복명反淸復明을 외치는 이들이 가득한 조선의 지식인에게는 실로 놀라운 풍경이었을 것이다.

지엔로우에서 300미터쯤 앞에 '베이징 덕'의 대명사 취엔쥐더(全聚德)의 본점이 있다. 취엔쥐더 같이 오래된 가게를 가리켜 중국에서는 라오뎬(老店)이라고 부른다. 중국에서 전국적인 지명도가 있는 라오뎬은 취엔쥐더를 비롯해 수십여 개가 있다. 특히 베이징 라오뎬의 출발점은 대부분이 치엔먼이다. 사실 오래 됐다는 게 역사와 전통을 자랑한다는 장점이 있지만 현대 상업의 키워드인 체인망으로 가는 데는 적지 않은 한계가 있다. 그 대표주자인 취엔쥐더의 과거와 지금은 어떨까?

치엔먼의 취엔쥐더는 청나라 동치同治 3년(1864)에 창립하여 오늘까지 150여 년의 긴 역사를 가지고 있으며 취엔쥐더의 기원이다. 취엔쥐더는 중국 요식업계에서 가장 오래됐고 가장 유명한 전통 음식점이다. '중국 제일 명식'이라고 불리는 취엔쥐더 오리 요리는 궁전에서 기원했으며 민간으로 전해진 후에 크게 발전하였다. 이곳은 2,000제곱미터의 면적에 1,000명을 동시에 수용할 수 있다. 미국의 부시 대통령 등 세계 지도자들이 대부분 이곳에서 만찬을 즐겼다. 2층 계단 뒤쪽에 지금까지 요리된 오리의 숫자가 기록돼 있는데 2008년 5월 기준으로 1억 3,000만 마리가 넘었다.

몇 년 전만 해도 취엔쥐더의 영업점 확대는 비교적 소극적

치엔먼 따자란

이었다. 허핑먼과 옌샤 지점 정도가 있을 뿐이었다. 하지만 2006년을 기점으로 취엔쥐더는 체인망으로서 성장을 시작했다. 이미 베이징에 10여 곳의 취엔쥐더가 생겼다. 호우하이(后海)나 시우수이(秀水)시장 같이 외국인들이 많은 곳에는 하나 둘 취엔쥐더 분점이 생기고 있다. 이제 100년 라오뎬들이 서서히 상업적인 본능을 발동하고 있는 것이다.

취엔쥐더의 맞은편은 따자란(大柵欄)이 있다. 자란(柵欄)은 경계를 표시하는 울타리를 뜻한다. 따자란은 1644년 청나라가 건립된 후 번성하기 시작한 베이징의 가장 오래된 시장 골목이다. 청나라 강희제는 일반인들의 삶을 보기 위해 이곳을 밀찰하는 일이 많았다. 그런 도중에 이곳 상인들을 보호하기 위한 장치가 필요하다는 판단을 했다. 그는 상인들이 재산을 지키기 위해 후통 입구에 거대한 울타리(柵欄)를 세우도록 지시했고, 이에 따라 '따자란(大柵欄)'이라는 이름이 생겼다. 시장은 폭 5미터에 길이 275미터로 베이징 전통 상가를 볼 수 있다. 그다지 크지 않은 길 내부에 있는 상점들은 상당수가 100년 이상의 전통을 가진 명소들이다.

거리에 들어서자마자 오른쪽에 라오덴 이청호우(宜誠厚)가 있다. 이청호우는 청나라 광서제 때 환관 소덕장小德張이 만든 비단상점이다. 서태후의 총애를 받은 소덕장은 따자란에 2층짜리 건물을 짓고 '샹이하오(祥意號)'라는 이름으로 상점을 시작해 '빠다상(八大商)'의 한 곳으로 명성을 얻었다.

이청호우를 지나서 바로 오른쪽에 루이푸샹(瑞蚨祥)이 있다. 베이징에서 중국 전통 옷을 파는 가게로는 가장 오래된 곳이다. 치파오는 비단으로 만든 중국 청나라 때의 전통의상으로 섬세하게 재봉을 하지 않으면 쉽게 망가진다. 오래 입을 수 있는 제대로 된 치파오를 사려면 루이푸샹에서 사는 게 좋다.

치파오(旗袍)는 은연중에 중국 전통의상의 상징처럼 되어 버렸다. 중국을 방문한 닉슨 대통령의 부인이 중국에 인구가 많은 이유를 치파오를 보고 알았다는 말이 있을 정도로 치파오는 여성의 곡선미를 잘 살린 옷이다. 청나라를 세운 만주족 滿洲族 중 기인旗人들이 입던 긴 옷에서 유래하였으며, 한족漢族이 이를 치파오라고 부르기 시작했다. 다리의 옆면이 노출된 옷은 말을 타기에 최적의 옷이었다. 이후 만주족이 중원을 장악한 후 치파오도 더 넓게 보급됐다.

치파오는 신해혁명을 거치며 서양식 의상의 영향을 받아 이전의 화려하고 복잡한 형태에서 간결한 디자인과 우아한 색깔로 변하였다. 1920년대 말에서 1930년대 초에는 서양의 미니스커트의 영향으로 치파오의 치마와 소매 길이가 무릎과 팔

꿈치까지 짧아졌다. 1930년대 중반에는 다시 치마가 땅에 닿을 정도로 길어졌다. 반면 옆트임은 허벅지까지 올라갈 정도로 과감해졌고, 허리선 역시 더욱 강조되었다.

인민복이 활개 치던 문화대혁명 시기에 치파오는 완전히 생명을 다하는 듯 했지만 개혁개방과 더불어 치파오도 활기를 띠었다. 국제패션대회에서 수상을 하는 등 홍콩, 타이완, 화교 등을 중심으로 계속 발전하였다. 현재는 다양한 옷감과 디자인으로 중국의 예복으로 자리 잡았다.

루이푸샹을 지나 오른쪽에 톈푸다창(天福茶莊)과 장이위앤다장(張一元茶莊)을 볼 수 있다. 두 곳 모두 중국의 대표적인 차 판매 체인망이 됐다. 톈푸는 이미 베이징에만 100여 곳의 체인을 갖춘 차 판매의 강자고 장이위앤다장도 수는 적지만 우위타이(吳裕泰)와 더불어 삼각체제를 구축한 차 전문점이다.

장이위앤다장의 바로 옆에는 유명한 약방인 퉁런탕(同仁堂)이 있다. 1669년 저지앙인 사람이 만든 약방이다. 서태후에 사랑을 받았다는 꼬우부리(狗不理) 만두점은 원래 톈진에서 나왔지만 위안스카이(袁世凱)가 서태후에게 받친 후 칭찬을 받아 베이징에도 몇 곳에 분점을 냈다.

조금 더 걸으면 오른쪽에 민간 공연장인 꽝더로우(广德樓)가 있다. 1796년 청나라 시대에 문을 연 유서 깊은 공연장이다. 만담, 서커스, 마술, 쌍황(雙簧 : 뒤에 숨은 여자가 동작을 하고, 앞에 남자가 동작을 하는 중국 전통 공연의 일종) 등 곡예를 전문적으로 공연하고 있다.

광더로우의 맞은편은 따관로우(大觀樓)가 있다. 이곳은 1905년 중국에서 최초로 영화를 상영한 곳으로 기네스북에도 올라간 곳이다. 첫 상영영화는 <정군산定軍山>이었다. 따관로우는 지금도 극장으로 사용되고 있다.

따자란의 상권을 쥐고 있는 이들은 물론 베이징 상인(징상京商)들이었다. 하지만 이곳은 징상뿐만 아니라 중국 팔대상八大商이 활발하게 교류하던 공간이다. 팔대상 가운데도 가장 이름 높은 상인이 후이상(徽商)과 진상晋商이다. 후이상은 지금의 안후이성 시셴(歙縣) 등에서 형성된 상단을 말한다. 호설암 등이 이곳이 배출한 대표적인 상인으로 이들은 쑤저우, 항저우 등까지 영향을 넓히며 중국 내 최고 상단이 됐다. 이들은 주로 소금이나 금융, 비단 등으로 세계적인 상단이 됐다. 진상은 좀 특이하다. 이들은 산시성이라는 어려운 조건을 갖고 있지만 표국이나 표호를 통한 금융업 등으로 부를 축적했다. 그 밖에 풍부한 물산과 국제 교류로 부를 거머쥔 저장성 상인(浙商)이다. 현재 세계를 흔드는 상권을 가진 화교들의 모체인 광둥성 상인(粤商)은 무역과 장사를 통해서 부를 축적했다. 그밖에 비단과 진주 등으로 부를 축적한 쑤저우 출신의 쑤상(苏商)과 음식과 곡식으로 부를 얻는 산둥성 상인(鲁商), 실크로드를 통한 교류로 부를 얻은 친상(秦商)이나 수도의 힘으로 돈을 번 베이징 상인 등을 8대 상인으로 꼽는다.

따자란의 끝은 메이스지에(煤市街)다. 이곳은 서쪽으로 리우리창과 연결되고 남쪽은 과거 빠다후통(八大胡同)이다. **빠다후**

통은 베이징의 가장 대표적인 매음장소다. 장사 중심의 상인들이 있던 따자란과 식자識者들과 상인들이 있던 리우리창의 중간에 빠다후통이 있었던 것은 어찌 보면 당연한 일이었다. 사회주의와 성性은 상극 같지만 중국이라고 해서 이쪽에 무감하지 않다.

따자란에서 리우리창까지는 걸어서 15분 정도 걸리는데 이 길이 상업의 중심이다. 리우리창은 명나라 황실이 수도를 베이징으로 옮기기 위해 쑤저우 등 먼 곳에서 귀한 돌을 운반해 구궁을 건설했다. 이때 필요한 유리기와(琉璃瓦)를 만든 곳이라 해서 '리우리창'이라는 이름이 붙었다. 또 명말청초에는 이곳에서 고서적이 거래됐고, 이후 건륭제 때 중국 지식사의 대기록인 『사고전서四庫全書』를 만들면서 리우리창은 활기를 띠었다. 이후 도서와 문방구, 서화, 문방사우의 집산지가 되었다.

베이징에 와서 과거 시험에 낙방한 수험생들이 고향으로 돌아가기 전에 지니고 있던 서적, 먹, 벼루 등을 리우리창에서 팔았다고 하며, 청나라가 멸망하자 패가한 귀족 집안 자손들이 집안의 가보 등을 이곳에 내다팔고 생활필수품으로 바꾸기도 했다. 그 과정에서 자연스럽게 시장이 형성되어 구입과 매매의 전통 문화 중심을 이루게 되었다. 골동품, 서적, 그림, 가구, 공예품, 자기 등 다양한 상품들이 판매되고 있으며, 1984년 복원한 건축 양식을 살려서 최근엔 건물들이 재복구되는 등 새롭게 단장하고 있다. 하지만 골동품에 매기는 터무니없는 가격과 가짜 제품 등 무원칙한 영업방식 때문에 옛 명성이 바

랬다.

리우리창은 난신화지에를 기점으로 동서로 나누어졌다. 동쪽 리우리창에는 중궈슈디엔(中國書店)과 지구꺼(汲古閣), 보구자이(博古齋) 등의 오래된 가게가 있고, 서쪽에는 경운당, 문규당, 잉바오자이(榮寶齋), 청비각 등이 유명하다.

중국의 출판물을 살펴보려면 중궈슈디엔과 바오원탕 서점을 찾아가면 된다. 바오원탕은 청 동치 원년(1862)에 설립돼 출판과 판매를 겸하고 있다.

중궈슈디엔은 도시 정비로 인해 약간 뒤로 옮겨서 영업을 하고 있다. 리우리창 안에는 중고서점이 여러 군데 있다. 하지만 가장 큰 곳은 허핑먼에서 리우리창으로 오는 길 못 미쳐 왼쪽에 있는 중궈슈디엔이다. 이곳은 중국 인문콘텐츠의 집결장이라 할 만큼 다양한 자료가 쌓여 있다. 리우리창과 맞닿은 지점에는 화집이나 지역 정보를 중심으로 있다. 최근에 이전한 뒤쪽 공간이 중요한 자료가 많다. 중궈슈디엔은 1952년 11월 4일에 문을 열었다. 수집과 판매, 출판을 함께한 드문 서점이다. 본점은 리우리창의 중간에 있지만 시청(西城), 둥청(東城) 등에도 많은 분점이 있다. 연 매출이 7,000만 위안인데, 그 가운데 고서적의 비중이 2,000만 위안이다. 개점할 때 궈모루(郭沫若)가 서점 이름을 써줬다고 한다. 40년 동안 많은 책을 정리, 전시, 판매하는 기능을 했다. 600만 부의 책을 발굴해 냈으며, 그 가운데 5,000여 권은 국가도서관에 영구보장됐다. 그 가운데는 소철蘇轍의 송판宋版 『시선전詩選傳』, 송판 주희 주석 『초사楚辭』(굴원 지음) 등도 발간했다. 1920년 11월 7일 출판된 월간 「공산당」 제1호도 중궈슈디엔에서 찾아냈다.

물자가 풍부한 곳인 만큼 다양한 문화도 있다. 리우리창에서 남쪽으로 10분쯤 걸어서 주시코우(珠西口)와 만나는 지점의 오른편에 후광후이관(湖广会馆)이 있다. 후광후이관은 1807년에 문을 연 경극전문 극장으로 관람석은 2층으로 이루어져 있다. 광둥 사람들의 문화공간이자 정치공간으로도 사용되었다. 이곳은 전문 공연장이라기보다 삶의 한 현장으로 만끽할 만한 곳이다. 이름처럼 우선 이곳은 광둥 사람들의 집결지이자 휴식, 오락 공간이다. 후이광후이관의 대각선 방향에는 이위앤쥐창(梨园剧场)이 있다.

입신양명을 꿈꾸던 전 중국의 학도들은 젊으나 늙으나 베이징으로 와서 이곳에서 시험을 향해 최선을 다했다. 처음에는 명, 청이 과거에 채택하던 팔고문八股文을 철저히 연습한 시험 벌레들이 왔다. 팔고문은 사서오경四書五經의 구句를 제목으로 내서 그 뜻에 시험자가 의미를 부여하는 것이었다. 그런데 시험 답이 주자의 집주를 기본으로 하는 형식이 되자 시험자가 준비해야 할 내용은 엄청나게 방대해졌다. 또 8개의 답안 형식은 철저히 대구對句를 이루도록 되어 있었다. 결국 시험자의 창의보다는 암기가 중심이 될 수밖에 없었다.

강·옹·건의 치세가 끝나고 청이 급격히 내리막길을 걷기 시작하자 시험 자체도 부정으로 물들기 시작했다. 시험자들도 서서히 변해 캉요우웨이(康有爲)나 량치차오(梁啓超)처럼 자유로운 뜻을 품기 시작한 이들도 생겨났다. 1898년 서태후의 그늘에 가려있던 광서제(光緖帝, 재위 1871~1908)가 이들의 의견을 받아들여 변법자강운동變法自彊運動을 시행했지만 10여 일 만에 무릎이 꺾이고 말았다. 두 사람은 십 수 년이 지난 후에 다시 베이징에 돌아왔지만 이미 그들이 내놓은 개혁안도 생명이 다할 만큼 국내외 정세는 변해 있었다. 량치차오도 이 골목에서 같이 혁명을 시도하다가 희생된 친구들을 생각하며 비통한 심정으로 술을 마시는 것밖에는 할 것이 없었다.

스차하이

변혁과 혁명의 시대가 숨 쉬는 곳

캉요웨이는 1927년 칭다오(靑島)에서 쓸쓸히 숨을 거두었고, 량치차오도 1929년 베이징에 숨을 거두어 시양산(香山)의 자락에 묻혔다. 하지만 그들이 배우고, 경험한 것은 책이나 신문 등을 통해 중국인들에게 적지 않은 영향을 줬다.

치엔먼이 자금성의 남쪽이라면 스차하이는 자금성의 북쪽이다. 원나라는 지금의 자리에 왕궁을 세울 때 궁의 서쪽으로 호수를 정비했다. 지금도 남아있는데 톈안먼 서쪽에 있는 곳이 난하이(南海)이고, 자금성의 서쪽에 있는 것이 중하이(中海), 징산공위앤(景山公園)의 서쪽이 베이하이(北海)다. 베이하이의 위쪽으로도 세 곳의 호수가 있는데 치엔하이(前海), 호우하이(后海), 시하이(西海)다. 지금은 중하이나 난하이를 합쳐서 중난하이라고 부른다. 중난하이의 가장 주요한 출입문은 난하이가 창안지에(長安街)와 만나는 신화먼(新華門)이다. 중난하이는 지금 가장 대중적인 담배의 이름이기도 하지만 일반 사람들에게 연기처럼 잡히지 않는 곳이다. 바로 중국 지도자들의 생활공간이기 때문이다. 마오쩌둥은 1949년 3월 베이징에 닿았다. 그는 국민당의 잔당이 남은 시내보다는 시양산의 별장 같이 아늑한 쑤앙칭비에수(雙淸別墅)가 좋았다. 그러나 10월 1일 톈안먼에서 중국 인민들을 향해 손을 흔든 다음에 다시 그곳에 돌아갈 수 없었다. 좀 반동적인 것 같았지만 이들은 과거 황실의 정원이었던 중난하이를 요인 거처로 삼고 이곳에 정주하기 시작한다. 어떻든 캉요웨이나 량치차오가 그리워했던 광서제가 유폐되어 있다가 죽은 잉타이(瀛臺)가 있는 비극의 장소는 새로운 혁명가들의 거처가 된 것이다. 때문에 이곳에 가볼 수 있는 이는 극히 한정되어 있다. 하지만 가끔씩 외국인이 이곳에 들어가는 경우가 있다. 바로 중국 국가주석이 가장 친근한 우방이 왔을 때 이곳으로 불러서 파티를 하는 경우가 있다. 러시아 대통령이나 북한 김일성이 살아있을 때 이곳에 들어갔던 몇 안 되는 인물이다. 미국 대통령이 캠프 데이비드로 친한 국가수반을 부르듯 중국도 그러하다. 그렇지 않은 이들을 영접할 때는 보통 런민따후이탕에서 만난다. 동해 신선이 산다고 해서 이름 붙은 잉타이는 신선 대신에 중국 주석이 사색하는 공간이 됐다.

중난하이를 지나면 베이하이가 나온다. 이곳과 중하이, 난하이를 합쳐서 타이예츠(太液池)로 불렸다. 이곳은 요나라 때 건설되어 금나라 때 태녕궁이 건축되었는데 태녕궁은 '일지산삼(一池三山 : 하나의 호수와 세 개의 산)'의 원리에 의해 지어졌다. 원대에는 칭기즈칸이 태녕전을 중심으로 이곳을 수도로 삼았다. 오늘날의 공원 모습은 청나라 때 완성되었다. '타이예츠'는 이런 이야기가 전해진다. 동쪽 바다에 봉래, 영주, 방장 등 세 개의 신산과 '타이예츠'라는 신못이 있는데, 산에는 신선이 있어 장생불로약을 가지고 있다는 말이 있다. 진시황제와 한무제 등은 이 약을 구해 사람을 보냈는데, 당연히 그 약을 구하지 못했다. 결국 황제들은 황궁 안에 그런 대치물들을 두었는데, 이 세 연못도 그런 유산이다.

당대 동서양 문화의 교차점

베이하이를 넘어가면 치엔하이가 시작된다. 치엔하이부터 있는 세 호수(치엔하이, 호우하이, 시하이)를 가르켜서 흔히 스차하이(什刹海)라고 부른다. 과거 이곳에는 열 개의 사찰이 있었다. 광후아스(廣化寺)를 비롯해 휘더전쥔먀오(火德真君庙), 후궈스(护国寺), 바오안스(保安寺), 전우먀오(真武庙), 바이마관디먀오(白马关帝庙), 요우성스(佑圣寺), 완닝스(万宁寺), 스후스(石湖寺) 완옌스(万严寺) 등 10개의 사찰이 있었는데, 아직 손상되지 않은 채 남은 것은 광후아스 정도다.

여행자들이 스차하이로 가는 입구는 허화스창(荷花市場)이다. 호수 쪽에 여름이면 아름다운 연꽃(荷花)이 피어 이런 이름을 얻었다. 지금도 여름이면 잘 관리된 연꽃이 다양한 아름다움을 준다. 남쪽 입구에는 옛 건물을 이용해 만든 스타벅스가 있다. 이 스타벅스 지점은 지금 중국에 개설된 100여 개의 지점 가운데 가장 고풍스러운 건물일 것이다. 스타벅스 옆으로 카페 골목이 계속 이어진다. 밤이면 공연과 술이 어우러지는 바를 비롯해 호남 요리로 유명한 위에루산찬인(岳麓山餐饮), 위난 요리로 유명한 차마구다오(茶馬古道)를 비롯해 다양한 공간이 있다. 거리 끝에는 4~20인승 보트를 빌릴 수 있는 선착장도 있다. 해질 무렵 양꼬치를 굽는 대형배도 있어서 꼬치를 먹으며 맥주를 즐길 수 있다.

스타벅스는 베이징에 제법 많은 공을 들였다. 가장 정성을 쏟은 곳이 자금성 안 위화위앤(御花園)에 있는 곳과 허화스창 초입에 있는 두 곳이었다. 하지만 자금성 안에 있는 스타벅스는 2007년 5월 문을 내렸다. 논란이 시작된 지 2년여 만에 철수였다. 이 사건은 중국문화와 서양문화가 어떻게 접목한 것인가를 보여주는 의미심장한 사건이었다.

중국 유력매체인 CCTV의 한 진행자가 중국의 심장부인 구궁 안에 서양문화를 대표하는 스타벅스가 있다는 점을 지적했고, 논란이 확산되었다. 자금성 측은 스타벅스 측에 영업은 하되 스타벅스의 상호를 쓰지 않을 것을 요구했다. 하지만 스타벅스로서는 그 요청을 들을 수 없었고, 영업을 철회한 것이다.

이 사건이 주는 함의는 무엇일까? 정상적인 결과라면 전체적으로 긍정적으로 보도해야 함에도 중국 내 목소리는 오히려 부정적인 방향으로 흘러가고 있다. 대부분 '국수주의에 빠져서 결국은 우리가 패배한 것'이라는 보도가 지배적이었다. 한 칼럼니스트는 '구궁에서는 어느 나라 음료라도 팔 수 있다'는 글에서 구궁 안에서 스타벅스를 철수하게 한 것은 지나치게 수구적인 태도며, 논리성도 부족하다고 주장했다. 그가 내세운 논리는 간단하다. 역사적으로 봤을 때 중국문화는 수천 년간 외래문화를 수용해 자기화함으로써 성장했다. 스타벅스도 그런 예일 뿐이다. 스타벅스가 철수해야 한다면 구궁 안에 있는 시계관 등 서양 문물에 속하는 것은 모두 철수해야 한다는 것이다. 그는 "위앤밍위앤(圓明園)의 시양루(西洋樓) 등도 없애야 한다."고 주장했다. 그는 "180년 전 황제들도 이곳에서 커피를 마시기 시작했고, 6년 전에 정식으로 영업허가를 맡고 들어온 스타벅스를 철수시키는 것은 자가당착"이라고 지적했다. "문화는 박물관 안에 있는 것이 아니라 살아있는 사람들과 같이 변화하고 발전하는 것"이라는 그의 논리는 고개를 끄덕이게 만든다.

그의 주장처럼 중국은 수천 년간 세계의 문화를 받아들여서 중국문화를 만들었다. 수천 년간 북방의 유목민족이 중원을 침략한 후 200~300년만 지나면 자국의 문화를 읽고 중국에 흡수돼 버린 것은 그런 힘의 발로다. 개혁개방 이후 중국은 사실 서구나 한국, 일본 등의 힘을 빌려 비약적인 발전을 이뤘다. 세계 모든 자동차 메이커가 중국에 있다고 해도 과언이 아닐 만큼 중국은 다른 나라의 힘을 통해서 성장한 나라다. 물론 외국기업이 중국에 들어오는 것은 그만한 매력이 있는 것이기에 원인과 결과를 나누기 힘들다. 하지만 어떻든 중국에 들어온 기업들이 중국 발전에 기인한 것을 부인하지는 못할 것이다. 외국기업이 중국에 들어오게 된 배경에는 광대한 시장의 매력도 있지만 외국기업에 대한 차별이 상대적으로 약하기 때문이기도 하다.

다른 칼럼니스트도 '문화충돌'로 표현했다. '스타벅스 사건 중의 문화충돌(星巴克事件中的文化冲突)'이라는 이 칼럼에서 필자 설용薛涌은 "이 사건은 경박하게 흘러간 인터넷 문화 등이 작용하면서 흡입되는 외국 문화를 매도해 철수하게 한 사건으로 대미 무역 역조 등을 생각할 때, 중국에게는 득보다 손실이 많은 일"이라고 지적했다. 어떻든 이 사건이 주는 메시지 중에 확실한 것은 중국의 자문화중심주의가 갈등으로 확대되어 서양문화의 상징적인 한 공간을 철수하게 한 것이기 때문이다.

중국에서 스타벅스는 싱파커(星巴克)로 불린다. '싱(星)'은 스타의 뜻을 차용한 것이고 '파커'는 영어를 중국어 독음에 비슷하게 빌려 쓰는 방식이 적용된 작명법이다. 나름대로 많은 노력을 한 스타벅스의 중국 현지 공략은 한 번 큰 위기를 맞은 셈이다.

철수한 자금성 스타벅스와 달리 허화스창의 스타벅스는 성업중이다. 주요한 고객은 이미 베이징의 한 층을 형성한 라오와이(老外)들과 역시 외국인 여행자들이다. 라오와이는 외국인들에 존칭의 뜻을 담은 라오(老)를 붙인 표현이다. 물론 중국의 신흥 부유층인 젊은이들도 예외는 아니다. 허화스창은 입구부터 250미터 가량의 길에 바와 음식점이 늘어서 있다. 주말 밤은 물론이고 평일 저녁에도 이곳은 춤을 추고 쉬기 위한 외국인들로 북적인다. 홍콩 란콰이펑의 밤처럼 북적이지는 않지만 허화스창 쪽 카페를 점령한 이들은 대부분 외국인들이다. 물론 이 허화스창을 넘어서 치엔하이나 호우하이로 이어지는 길 옆 2킬로미터에는 100여 곳이 넘은 이런 카페들이 성업중이다. 그곳에서 불리는 노래는 중국의 유행가도 있지만 팝송, 한국 노래를 번안한 노래 등 천태만상의 음악들이 펼쳐진다.

이 카페 가운데 나름대로 철학이 있는 곳들도 있다. 대표적인 곳이 약간 한적한 곳에 있는 동옌(東岸)이다. 동옌은 재즈 카페다. 중국 록 음악의 선두주자인 최건도 이곳에서 공연을 했다. 1961년생인 최건은 트럼펫을 배워 베이징필하모닉 오케스트라의 단원이 된다. 그런 그는 일찍 서구의 재즈나 록을 접했고, 그것을 자기화하는 능력을 갖추었다. 개혁개방 이후 베이징에도 서구 음악 바람이 불기 시작했다. 최건은 자기가 갈 방향을 잡았다. 비틀즈, 폴리스, 토킹헤드 등에 영향을 많이 받은 그는 1985년 첫 앨범 '일무소요(一無所有, 아무것도 가진 것 없네)'를 선보인다. 사회주의 예술창작을 기초로 형성된 중국 음악계는 문화대혁명을 거치면서 더욱 더 좌절했지만, 최건 등 진보적인 성향의 음악가들이 서서히 싹을 틔우기 시작했다. 1988년에 서울 올림픽에 초대되었으며, 1989년 톈안먼 사건의 철학에도 그의 음악이 한 줄기를 갖고 있었다. 사람들은 그곳에서 '일무소유'를 불렀다. 이후 그의 음악은 정부의 통제를 받기 시작했다. 하지만 최건은 통제에 순응한 듯하면서 자신의 작업을 계속했다. 아무것도 가진 것이 없기에 앞에서 무엇이 가로막으면 옆으로 돌아서 갔다. 확실한 것은 그를 접한 이들이 많아졌다는 것이다. 다행히 지앙원(姜文) 등 영화인들과 의견을 합치해 영화 음악 등으로 외연을 확장했다. 그들이 활동하던 '동옌'은 이제 중국의 재즈 뮤지션뿐만 아니라 서양의 재즈 뮤지션들이 베이징에 왔을 때 꼭 들러서 연주하는 곳이다.

스차하이를 여행하는 가장 좋은 방법은 인력거를 타는 것이다. 붉은 천으로 장식된 인력거는 스차하이를 빠르고 쉽게 여행하게 해주는 좋은 발이다. 인력거를 타려면 허화스창 입구로 들어가지 않고, 서쪽으로 200미터쯤 더 와서 치엔하이시지에(前海西街)로 들어가야 한다. 치엔하이시지에로 들어서면 오른쪽에 붉은 천으로 된 인력거의 행렬이 보인다. 이곳에서 홍정해 인력거 투어를 시작할 수 있다.

첫 번째 인력거 행렬이 끝나는 곳에는 궈모루(郭沫若, 1892~1978)의 옛집이 있다. 중국 근대 문학의 거장인 궈모루는 '산문의 거장' 빠진(巴金, 1904~2005)과 같은 쓰촨성 출신이다. 그는 일본 유학 중에 일본여성과 결혼했지만 다시 중국으로 건너와 1927년 난창봉기南昌蜂起에 참여하는 등 정치성도 있었다. 난

창봉기의 좌절 후 그는 1928년 일본으로 망명해 지바현(千葉縣)에 살면서 갑골문·금석문을 연구하는 등 역사 연구에 몰두했다. 1937년 루거우차오 사건(蘆溝橋事件)이 일어나자 일본을 탈출, 상하이로 건너가서 항일전의 선두에 섰다. 이후 국민당에게 용공분자로 몰려서 위기를 맞기도 했지만 은둔하다가 공산화 이후 문인계에서 활동했다. 궈모루의 집에서 조금 가면 샤오싱(紹興) 음식점인 쿵이지지우뎬(孔乙己酒店)이 있다. 샤오싱 출신인 루쉰이나 차이위앤페이(蔡元培, 1868~1940) 등은 물론이고 베이징의 많은 문인 학자들이 이곳을 자주 찾았다. 지금도 입구에는 루쉰의 상이 있어서 그를 기리고 있다.

선배 지식인인 캉요웨이나 량치차오가 준 사상을 배운 지식인들에게 리훙장, 위안스카이, 돤치루이로 이어지는 정치적 혼돈은 혼란 그 자체였을 것이다. 그 중심에는 루쉰이 있었다. 서른한 살이었던 1911년 10월 신해혁명으로 청나라가 멸망하고, 중화민국이 세워진 다음해 쑨원이 이끄는 남경 정부의 교육부 직원으로 들어가 난징을 거쳐서 1912년에는 베이징에 안착한다. 그는 베이징 샤오싱 회관에서 진로를 잡지 못해 갈팡질팡하는 중국의 모습을 보면서 회심한다. 하지만

스차하이에 있는 궈모루 옛집 앞의 동상

38살인 1918년 5월 진보잡지인 「신청년」에 '광인일기'를 연재함으로써 중국인이 가진 정신의 병을 치유하기 위한 작업에 들어간다. 한편으로는 베이징대학, 베이징사범대학에 출강하면서 교육운동에도 적극적으로 참여한다. 1921년 12월에는 '아Q정전'의 연재를 시작해 다음해 2월 마침으로써 20세기 중국 문학사상 최대의 문제작을 탄생시킨다. 베이징은 그가 중국인으로서 근대사상을 받아들이는데, 다양한 요소를 얻은 곳이다. 베이징대학이나 사범대학 등은 그가 량치차오(梁啓超) 등의 사상을 수혈 받고, 궈모루 등과 교류하면서 고민하고 그 상흔을 소설이나 시, 잡문으로 담아낸 곳이다. 그런 그의 흔적인 푸청먼(阜成門) 시얼티아오(西二条)에 있는 옛집이나 같이 있는 루쉰 박물관, 또 그가 고향의 향수를 달래던 샤오싱후이관(紹興會館) 등에 남아있다.

베이징의 정치적 혼란과 혼돈 속에서 갈등하던 루쉰은 46살인 1926년 샤먼(廈門)대학에 교수로 취임하면서 베이징을 떠난다. 하지만 다음해 샤먼을 떠나, 잠깐 광저우 중산대학을 거친 후 1927년 10월에는 상하이에 도착한다. 이곳에서 그는 창작보다는 사회주의문학운동을 펼치고, 러시아 문학작품이나 서구문학이론을 편역 출판하는 데 노력하다가 1936년 10월 19일 상하이에서 영면한다. 루쉰은 첫 작품 『광인일기』에서 미친 이를 통해 중국역사 4,000년의 표어인 '인의도덕仁義道德'이라는 글자가 결국인 '식인食人'이었다며, 인민을 압박하는 식민의 역사를 통렬하게 비판한다. 그는 "사천 년 동안 늘

사람을 잡아먹어온 곳, 나도 오랫동안 그 속에 섞여 살아왔다는 것을 오늘에야 깨달았다."고 말한다. 또 『쿵이지(孔乙己)』에서는 몰락한 전통 지식인의 삶을 그리고 있다. 또 '약'에서는 처형된 혁명가의 피를 적신 만두를 사다가 폐병에 걸린 아들에 주는 우매한 민중의 모습을 담는다. 1921년 12월 「천바오(晨報)」에 연재하기 시작한 그의 대표작 『아Q정전』에서 루쉰은 현실과 다르게 생각해서 자신을 위로하는 정신 승리법을 가진 아Q의 삶을 통해 중국인들의 사상을 통렬히 비판하는 한편 '정신 승리법이라 명명된 농민 계급의 병든 의식 상태로부터 그 사회적 존재에 의해 본래적으로 주어진 혁명적 에네르기로의 전화 가능성을 포착'(전형준,「노신소설과 5·4운동」,『현대중국문학의 이해』, 문학과지성사, 1996.)한다.

따산즈, 새로운 문화 동력이 숨 쉬는 곳

2007년 11월 프랑스 대통령 사르코지가 중국을 방문했다. 사르코지가 중국에 오면서 방문을 희망한 장소에 '따산즈(大山子) 798'이 들어 있었다. 자금성이나 창청, 시안이야 충분히 알고 있었지만 따산즈라는 생소한 단어에 놀랐다. 문화 관련 부서에도 따산즈를 아는 이는 없었다. 이곳이 위치한 차오양취(朝陽區)의 관리들도 따산즈를 알고 있는 이가 없어서 부랴부랴 따산즈에 대한 연구에 들어갔다.

폐공장이었던 이곳은 문화예술인들이 모이기 시작한 지 불과 5년 만에 땅의 임대료가 열 배 이상 폭등한 뭔가 문제가 있는 지역이었다. 베이징 정부의 도시계획에서, 이곳은 곧 정비해 섬유패션 단지를 만들 예정이었지만 지금 있는 문화예술이 섬유 산업보다 훨씬 더 강한 힘을 가진 것으로 인식했고, 도시 계획은 바뀌었다. 철거 대신에 따산즈는 자금성, 창청과 더불어 베이징의 3대 여행 특구로 지정됐다. 철거 예정지에서 가장 주목받는 곳으로 변모한 이곳은 곧바로 길을 뜯어서 고치기 시작했고, 올림픽을 앞둔 2008년 봄은 흙먼지가 그칠 날이 없었다. 따산즈는 중국 문화예술의 바로미터가 됐다.

베이징 공항에서 15분쯤 시내로 달리면 오른쪽에 거대한 아파트 단지가 있다. 베이징의 코리아타운이자 아시아 최대 신도시를 꿈꾸는 왕징(望京)이다. 상대적으로 그 맞은편은 그다지 높은 건물이 없어서 소외된 느낌이 든다. 그런데 이곳에 사르코지가 가보고자 했던 따산즈 798이 있다.

뉴욕에 있는 예술의 거리를 본떠 '베이징의 소호'라고 불리는 798거리는 문화대혁명 등으로 인해 지체에 빠진 중국 예술 창작의 신천지일까, 아니면 예술가들의 상업성을 부추기는 구렁텅이일까?

이곳은 지명에 따라 '따산즈'로 불리기도 하지만 흔히 798로 불린다. 798은 과거부터 있었던 공장의 번호다. 예술구도 있지만 이곳은 아직도 공장의 역할을 하고 있다. 이곳은 펑키 스타일의 예술가들과 아직 남은 공장에서 일하는 공장 노동자들이 묘한 조화를 이루고 있었다.

길가에 주차한 차들을 보면 798이 얼마간 돈의 폭격을 받았다는 것을 쉽게 느낄 수 있다. 그런데 신비한 것은 그 돈의 출처다. 그 돈은 중국인들이 쓴 것도 있지만 외국인들이 쓴 것이 상당수다. 사르코지가 798에 들른 것은 사적인 친분이 있는 울렌스가 문을 연 미술관을 들르기 위해서였다. 벨기에 남작 출신으로 세계적인 중국 미술 컬렉터인 가이 울렌스는 20년간 160회 가량 중국을 방문했고, 그 방문을 통해 5,000여 작품을 소장했다. 그가 처음 소장할 때만해도 가난한 작가들에 지나지 않았던 장샤오강이나 위에민준은 이제 경매시장에서 작품당 낙찰가가 수억 원을 호가하는 미술계의 거물들이 됐다. 사실 작가들이 큰 것도 있지만 산업과 더불어 예술도 성장할 것이라 예측한 울렌스 같은 이들의 힘이 컸다.

그는 1980년대와 1990년대 초반 사업을 위해 중국을 다니면서 기존의 사회주의 작품과 다른 신비한 작품들이 나온 것을 알았다. 사실 미술뿐만 아니라 모든 예술의 힘은 그런 변혁기에 나온다. 장이모, 첸카이거 등으로 대표되는 영화계의 제3세대 영화감독이나 최건 등 음악 등도 이 시기에 혼을 쏟은 이들에 의해 주도되고 있다. 그는 중국에서 살면서 1980년대 중반 중국 뉴웨이브 미술 운동을 체험했고, 그 작품을 사 모았다. 지금 수억 원에 팔리는 작가들의 작품도 5,000달러(약 500만 원)를 주면 엄청난 거금으로 생각했다.

798의 가장 큰 특징은 의도적으로 기획된 곳이라는 점이다. 이들은 순수한 미술혼도 있지만 기존의 권력과 유사한 힘을 찾기 위해 2006년 12월 2일 이곳의 한 갤러리에서 '798 당대 예술회'를 개최했다. 장야난, 이화, 장스용 등이 주도한 이 모임은 기존의 미협 등과 대칭되며, 자신들의 예술을 조직화하겠다는 의지로 보인다.

표어도 "지금의 798, 너는 당대에 있다, 798은 당대 예술모임이다. 당신을 위한 예술생활을 추구한다."이다. 구역을 당대로 축소해 기존 세력의 공격을 피하는 한편 새로운 영역을 구축하려는 특성이 강하다. 798의 가장 큰 장점은 콘텐츠 창작을 위한 모든 요소를 갖추고 있다는 것이다.

우선 798이 있는 따산즈에서 차로 10분 정도의 거리에 중앙미술학원이 있다. 이곳은 중국 미술의 최고봉이라 할 수 있는 저명한 학교다. 798과 유대관계를 통해 지속적으로 커리큘럼을 확충하고, 798은 이 학교에서 예술가를 수혈 받는 공생관계가 되었다.

학교가 바탕이 되면서 기존 미술계와의 충돌을 피할 수 있는 것이다. 798의 탄생을 쉽게 한 것 가운데 하나가 중국 현대미술의 기반이 취약하다는 점도 있다. 중국은 문화대혁명(1966~1976)을 거치면서 화가들이 농촌에 가서 농사를 지어야 했다. 공부를 할 수도 없었다. 10년의 문화공백은 넘기 어려운 골짜기였고, 상대적으로 미술협회 등 기존의 단체가 확보할 수 있는 일은 적었다.

거기에 엔젤 투자가 넘치는 것도 798을 성장하게 하는 힘이다. 중국 고급부동산 시장이 급팽창하면서 설치미술이나 현대 미술의 판로가 쉽게 열렸다. 결국 조직력을 갖춘 798 운영 주체가 학교, 미술가들이 결합하면서 **빠른 성장세를 보였다.**

이런 흐름을 바탕으로 798을 바탕으로 한 스타 미술가들도 나오기 시작했다. 798 이전에도 스타가 된 장샤오깡 등이 798과 호흡을 맞추어 준 것도 큰 힘이 됐다. 1958년생인 장샤오깡은 소더비 등 경제시장에서 작품당 기본 낙찰가가 100만 달러를 호가하는 당대 최고의 미술가로 자리 잡은 작가다. 장샤오깡은 '가족'이라는 소재를 통해 개인과 집단의 만남을 상징적으로 표현한 최고의 인물로 평가받았다. 장샤오깡을 제외하고도 위에민준, 팡리쥔 같은 작가들은 그런 대우를 받는다.

이들은 기획자들을 통해 가을에 열리는 '아트 베이징(ART BEIJING)'이나 봄에 열리는 '베이징 미술 페어'를 통해 인큐베이팅 된다. 중국에서는 공산당이 지원하는 관변 예술 활동과 공산당과 상관없이 개인들이 움직이는 비관변 활동이 구분되어 있는데 '아트 베이징'은 중국에서 손꼽히는 비관변 전시회 중 하나다. 이런 기획들은 중국미술의 저변을 확대하는 것에 지나지 않고, 세계 미술 흐름의 중심으로 가는 역할을 한다.

하지만 798에도 혼돈이 없는 것은 아니다. 중국은 엄연한 사회주의 국가이고, 예술도 그 원칙에서 자유로울 수 없기 때문이다. 때문에 798의 홈페이지(www.798.net.cn)를 열면 "인민을 위해 서비스하자."라는 마오쩌둥 문구로 시작된다. 21세기에 사회주의 문예좌담을 논하는 것은 복잡한 시선을 자아낸다. 실제로 798의 화랑 가운데는 사회주의 창작론을 소재로 삼은 곳들이 적지 않아 독특한 느낌을 준다.

한 서양화가는 798을 보고 다녀오고 많이 실망했다는 소회를 밝혔다. 국제적으로 알려진 명성에 비해서 그다지 수준도 높지 않고, 싹이 트기도 전에 자본에 결탁한 느낌이 강했기 때문이라고 소회를 밝혔다. 이런 평가들에 대해서 중국 내부에서도 대부분 공감한다. 중국 현대미술의 선구자인 리시엔팅도 "중국 작품가가 치솟는 것은 세계 속에서 중국의 문화적·경제적 지위향상에 따른 당연한 결과라기보다는 경제적 거품이다. 예술은 돈이 아니라 작가의 감각, 생각을 영원히 중요시하는 데서 시작된다는 것을 작가들은 알아야 한다."라고 중국 작가들을 비판하기도 했다.

사실 이런 현상은 798만의 문제는 아니다. 중국 미술 시장에서 큰손으로 불리는 에이전트들의 상당수는 부동산에서 시작했다. 그들은 상하이 등의 고급 부동산을 손대던 이들이다. 돈이 넘쳐서 주체를 못하던 이들 가운데 일부가 부동산에 대한 재투자 대신에 미술작품에 투자하기 시작했다. 고급주택에는 그럴싸한 미술품 소비가 있다는 생각 때문이었다. 이들은 비중 있는 작가들의 작품을 대규모로 사 모았다. 그런데 어느 순간부터 중국 미술 시장이 급성장하기 시작했다. 그들이 이름만으로 사놓은 작품은 이제 급등해서 부동산보다 오히려 효과적인 수익대상이 됐다.

그들은 갤러리를 만들어, 창고에 넣어둔 미술품들을 내걸기 시작했다. 한국에서 가장 고평가 받는 박수근의 그림들이 최고 25억 원에 팔린 반면에 중국의 미술시장은 아직 상대적으로 저평가됐다. 이런 인프라 때문에 중국 내 자본은 물론이고 해외 자본이 들어오면서 798의 성장세는 상상을 초월하는 수준이다. 반면에 예술 창작 수준이 하루아침에 올라갈 수 없고, 거기에 배까지 부르면서 이런 문제는 더욱 심화됐다. 798의 급속한 부유화는 작가들의 창작력 저하를 낳기도 한다.

베이징 여행하기

 '백문이 불여일견'이다. 아무리 베이징에 관해서 듣고, 지식을 축적해도 한 번도 베이징을 가보지 못했다면 그 사람은 베이징에 관해서 제대로 알고 있다고 말하기 어렵다. 물론 가본다고 크게 달라지는 것도 없다. 하지만 세계 양대 헤게모니 국가인 중국의 심장부, 이미 우리나라의 대외교역 1위 국가가 된 지 한참인 나라, 또 역사적으로 적지 않은 인연이 있는 나라의 중심에 가보지 않은 것도 그닥 센스 있는 일은 아니다. 비행시간으로 한 시간 반 거리인 베이징은 마음만 먹으면 하루에도 갔다 올 수 있다.

 우리 생각 속에 베이징의 매력은 구궁이나 이허위안, 만리장성 등 문화재에 지나지 않았다. 하지만 지난 몇 년간 베이징은 주변 많은 지역을 대신할 최고의 여행 명소로 성장했다. 상하이에 비해서는 볼거리가 많고 물가도 싸다. 홍콩에 비해서는 물가가 아주 싸고, 여행지도 많다. 미식에 있어서도 홍콩에 뒤지지 않는다. 쇼핑에 있어서도 홍콩을 능가하는 다양한 장점을 갖고 있다. 또한 사계절 고온다습한 홍콩에 비해서는 한국인들에게 훨씬 적합한 것이 베이징의 매력이다. 이런 측면도 있지만 21세기 국제관계 등을 고려할 때 중국은 알아야 할 첫 번째 대상이고, 베이징은 그 첫 방문지다.

올림픽으로 여행 인프라 성숙

사실 몇 년 전만 해도 베이징은 자유여행자들에게 적지 않은 어려움이 있는 도시였다. 하지만 2008년 올림픽은 베이징의 자유여행 인프라를 몇 단계 업그레이드 시키는 역할을 했다. 우선 공항에서 시내까지 전용철도가 개설됐고, 공항에서 주요거점으로 가는 공항버스도 잘 갖추어져 있다. 올림픽 전에 25만 룸 정도이던 호텔은 올림픽을 위해 두 배로 증가했다. 시내 지하철도 거의 갖추어져 주요 여행지는 지하철로 가는 데 큰 불편이 없다. 영어가 잘 통하지 않는 어려움이 있지만 정보가 활성화되고, 가이드북도 다양하게 출간되어 자유여행에 큰 어려움이 없다.

그럼 자유여행은 어떻게 떠날 것인가? 우선 가장 중요한 것이 항공권이다. 한국과 베이징 노선은 그간 증편에 어려움이 있었지만 공항이 확장되면서 공급이 확대될 전망이다. 당연히 좋은 가격의 항공권도 많다. 이미 항공사들은 홈페이지를 통해 할인항공권을 판매하고 있으며, 온라인 여행사들은 경쟁적으로 할인항공권을 내놓아 10만 원대면 베이징 왕복항공권을 구할 수 있다(텍스 제외).

다음은 비자다. 올림픽을 치르게 되면서 중국 비자 발급이 많이 까다로워졌다. 하지만 올림픽이 끝나면 이전만큼은 아니더라도 자유여행자들의 비자도 별 문제가 없을 전망이다. 또한 별지 비자 등도 있어서 여권을 맡기지 않아도 간단히 발급받을 수 있다.

다음으로 현지 숙박업소 예약이다. 하지만 이것도 별로 힘든 일이 아니다. 이미 나스닥에 상장한 씨트립 같은 호텔 사이트(www.ctrip.com)는 영어 페이지가 있어서 베이징의 호텔을 30~80퍼센트가량 할인 받을 수 있고, 한국에도 중국 호텔 예약사이트가 급속히 늘어나고 있다. 다만 아직 할인의 폭은 중국 사이트에 못 미치니 비교해서 예약해야 한다.

두 가지 준비가 끝났다면 부담없이 베이징행 항공기에 몸을 실어보자. 우선 떠나는 여행자들은 자기 여행의 목적을 정확히 할 필요가 있다. 그냥 관광지도 중요하지만 미식, 쇼핑, 건축, 문학 등 자신만의 테마를 만들어 코스를 정하고 가는 것이 좋다. 베이징은 상대적으로 다양한 여행 인프라가 구축되면서 자신의 취향에 맞는 여행을 선택할 수 있다. 골프여행, 스키여행, 온천욕여행 등 다양한 색채가 있다. 또 미식기행 등도 적합한 여행이다. 기독교 신도라면 베이징에 남아있는 기독교 유적을 꼼꼼히 찾아보는 지혜가 필요하다. 건축여행이나 역사여행, 골동품여행 등도 무한한 가치를 갖고 있다.

가이드북도 한두 권 챙겨가는 센스가 필요하다. 좋은 가이드북은 여행의 질을 높여줄 뿐만 아니라 호텔, 음식점 정보를 줘서 돈을 아낄 수 있게 하는 기능도 한다. 만약 호텔만 할인받아서 예약해도 책값의 두세 배는 버는 셈이니 꿩 먹고 알 먹는 셈이다.

쇼핑, 미식 등의 소중한 추억

베이징의 여행 키워드는 뭐가 있을까? 우선 베이징은 미식여행의 최적지다. 베이징은 중국의 정치적 수도이자 음식의 수도이기도 하다. 베이징에서 맛볼 수 없는 각 지역의 음식은 거의 없다. 신장, 시장, 윈난 등 독특한 소수민족 미식들은 베이징에서 하루가 다르게 생겨나 성업중이고, 수준도 본지역과 큰 차이가 없다. 또 쓰촨, 후난, 광둥, 저장, 상하이, 산둥, 둥베이 등의 10대 정통 음식점도 헤아리기 어렵다. 물론 변검이나 경극, 서커스 등 공연을 하는 전통식 음식점들도 적지 않다.

베이징에는 이미 수백 개 이상의 한국 음식점이 있고, 일본은 물론이고 미국, 유럽, 아프리카, 남미 음식점 등 세계 각국의 미식을 느낄 수 있는 국제 미식도시다. 물론 수준도 최고급부터 저가까지 다양하다. 상대적으로 보자면 우리나라에 비해서는 훨씬 낮은 가격에 음식을 즐길 수 있다.

스차하이, 싼리툰 등 아늑한 술집거리에서 바나나 같은 나이트클럽까지 다양한 오락문화도 있다. 또 1시간에 10위안인 저렴한 발안마에서 150위안 정도의 정규 안마점까지 다양하다.

베이징의 가장 큰 즐거움은 저렴하게 다양한 쇼핑을 즐길 수 있다는 것이다. 손꼽히는 것은 짝퉁시장에서 거듭난 시우수이지에(秀水街)나 야시우(雅秀)시장이다. 이곳에서는 갈수록 품질이 좋아지는 비단제품이나 캐시미어, 가방, 신발 등을 쇼핑할 수 있다. 또 세계적으로 인정받는 홍치아오시장에 가면 5만 원 정도면 10밀리미터 정도로 질 좋은 진주목걸이를 구할 수 있다. 그밖에도 좋은 차를 싸게 구입할 수 있는 마롄다오 등 쇼핑 명소는 다양하다.

필자는 베이징 자유여행서『베이징 네 멋대로 가라』(동아일보사)에서 12가지로 베이징 여행의 코스를 제안했다. 이 코스는 대중교통을 이용해 동선을 잡을 수 있게 한 것으로 자유여행자들이 계획을 세울 때 도움을 줄 것이다. 우선 시내 첫 번째 코스(A코스)는 베이징의 심장부로 '푸싱루-시단-젠궈먼루'로 이어지는 코스다. 두 번째(B코스)는 상업문화의 중심으로, '첸먼다제-다자란제-류리창-난신화제' 등으로 이어지는 길이다. 세 번째(C코스)는 정치핵심 코스로 '톈안먼/첸먼-톈안먼-구궁'의 여정이다. 네 번째(D코스)는 황가의 후원으로 '징산궁위안-베이하이궁위안-스차하이-후퉁'의 여정이다. 다섯 번째(E코스)는 베이징의 명동으로 '왕푸징/신스제-신둥방광창-왕푸징

다제'이다. 여섯 번째(F코스)는 앤티크 베이징의 즐거움으로 '후청허-텐탄궁위안-훙차오스창-판자위앤' 코스이다. 옛 문화를 느끼며 쇼핑을 만끽하는 공간이다. 일곱 번째(G코스)는 베이징 서북지역으로 '바다추-샹산-이허위안-위안밍위안-쉐위안루' 코스다. 여덟 번째(H코스)는 베이징 동부 지역으로 '융허궁-싼리툰&옌사-왕징&다산쯔' 코스이다.

그밖에 교외 편으로 첫 번째는 전쟁과 역사의 현장으로 '루거우차오-저우커우뎬-원쥐스-스두'의 코스를, 두 번째는 위대한 흥망으로 '쥐융관창청-바다링창청-룽칭샤-캉시차오위안'을, 세 번째는 여행의 긴장을 푸는 휴양지로 '훙뤄쓰-옌시후-무톈위창청'을, 네 번째는 황제의 피서길로 '미윈-쓰마타이창청-구베이커우창청-진산링창청-청더' 여행을 소개하고 있다.

위 여행 중 꼭 체험해 보라고 하고 싶은 곳이 시내 여섯 번째 코스에 있는 톈탄공위안, 훙치아오스창, 판자위앤이다.

톈탄(天坛)은 황제가 하늘에 기도하고 곡식을 바쳤던 사당으로 중국에서 현존하는 최대 규모의 사당 건축물이다. 린위탕은 "천단은 중국의 예술품 중에서 단일 작품으로는 가장 아름다운 진품이라는 명성을 들을 만한 가치가 있으며, 모든 중국회화 예술의 수준을 뛰어 넘은 것이다. 천단을 보는 순간 누구나 받게 되는 충격적인 감동은 천단의 장엄함에서 기인하는 것이며, 그 다음으로는 천단의 완벽한 비율과 색채와 저 높은 푸른 하늘과의 조화에서 오는 것이다."(『베이징 이야기』 중)라고 소회했다. 이런 평들은 대부분 치니엔뎬(祈年殿)에서 나온 것이다. 톈단의 전체 넓이는 270만 제곱미터로 구궁(72만 제곱미터)의 4배에 달한다. 톈단은 명나라 영락제 때(1420)에 건립되고 청나라 때 완성됐다. 현재 보존되고 있는 것의 대부분은 명나라 때 건축물이다. 건축물의 배치는 변형된 회回자 구조이다. 북부는 반원형이나 남쪽은 네모 형태인 것이 특징이다. 이는 천원지방(天圓地方 : 하늘은 둥글고 땅은 모지다)의 사상을 표현한 것이며, 북쪽은 높고 남쪽은 낮게 지어졌는데 역시 천고지저(天高地低 : 하늘은 높고 땅은 낮다)라는 이치에 따른 것이라고 한다. 이곳에서 음력 정월에 풍성한 수확을 기원하고, 음력 4월에는 기우제, 음력 10월에는 하늘에 감사의 제사를 지냈다. 제사의 중심 건물이 치니엔뎬이다. 이 건물은 명나라 영락 18년(1421)에 만들어졌고, 청나라 건륭 17년(1752)에 지붕을 쪽빛으로 고쳤다. 현재의 건물은 1970년대에 재건된 것이다. 건물의 높이는 9장 9척(32미터)이며, 지붕의 둘레는 30장이다. 내부에는 용정주龍井柱라고 하는 4개의 기둥(4계절)과 12개의 중간 기둥(12개월), 36개의 작은 기둥(절기 및 우주)이 있다.

  톈탄은 건축물의 우아함도 있지만 당대 베이징인들의 삶의 단편을 볼 수 있다는 점에서 인상적인 곳이다. 톈단 공원 상하이 홍코우 공원처럼 베이징 서민들이 가장 선호하는 공간이다. 정문을 들어서자마자 제기차기, 춤, 태극권, 물붓쓰기, 악기 연주 등 다양한 중국인의 여가생활을 한눈에 볼 수 있다. 조금만 적극적인 성격이라면 그들과 함께 이런저런 잡기에 빠질 수도 있고 그들도 그다지 반감을 갖지 않는다.

톈단 치니엔뎬에서 동쪽으로 있는 동문을 나오면 홍치아오스창(紅橋市場)이 있다. 이곳은 1979년 농수산품시장으로 시작됐다. 그런데 1995년 지금의 건물이 들어서면서 이곳의 기능이 복잡해졌는데 차츰 진주 상인들이 들어서면서 베이징 최대의 진주 전문상가가 됐다. 진주 상가 면적만 해도 1,000제곱미터에 달하고, 담수진주, 해수진주, 남양진주, 흑진주 할 것 없이 나름대로 품질을 자부하게 됐다. 제품도 1~2위안짜리 선물용에서 수천 위안짜리까지 다양하다. 또 1층 잡화, 2층 의류, 신발, 가방 등의 매장이 늘어나면서 여행자들이 선호하는 상가가 됐다. 그래서 여행자들이 기념품이나 선물을 사기 위해 꼭 한번 들러보는 곳이기도 하다.

사실 중국에서 진주의 주산지는 쑤저우 인근 타이후(太湖)에 밀집되어 있다. 상식적으로라면 쑤저우나 상하이 등지에 가장 유명한 진주 상가가 있어야 맞지만 중국 진주 상가의 대명사처럼 불리는 곳이 바로 홍치아오스창이다. 시장 건물 3층 중앙에는 중저가 진주가 그리고 그 옆에는 고가의 진주 상점들이 자리하고 있다. 혹시 패키지여행으로 갔다가 20~30만 원 정도 주고 산 진주를 이곳에 가서 물어보면 2~3만 원을 넘는 일이 거의 없다. 가짜를 팔면 100배로 보상해 주는 등 품질 관리를 철저히 해 진주시장의 지존에 선 것이다.

홍치아오스창에서 직선거리로 3.5킬로미터 정도 떨어진 판자위앤(潘家园) 시장은 베이징의 대표적인 골동품 시장이다. 과거에는 리우리창이 골동품 시장의 대명사였지만 터무니없는 가격과 가짜 물건으로 명성을 잃기 시작했다. 또한 지방상인 등의 진입이 어려워 좋은 물건의 유입 통로가 끊겼다. 리우리창의 명성을 이어받은 곳이 판지아위앤이다. 시장에 들어서면 옛날 물건들이 쌓여 있다. 물론 관심과 안목이 있는 이들이라면 흥정에 들어갈 수 있지만 이곳에서의 구매는 결코 쉽지 않다. 다만 등이나 간단한 그림, 글씨 등은 고가품이 아니라면 흥정을 해볼 만하다. 판지아위앤 가운데 건물 안에 있거나 중앙부에 있는 곳은 모두 상설시장이다. 가장 재미있는 곳은 토요일과 일요일에만 열리는 시장인 임시시장이다. 뚱쏸환루 출입문을 이용하면 바로다. 이곳은 베이징뿐만 아니라 톈진, 허베이는 물론 전 중국에 있는 고물 관련 초보자들이 들러서 흥정을 하는 곳이어서 이 분야에 관심 있는 사람들로 북적인다.

재미있는 것은 수천 년 전 유물이 전시되기도 하지만 1966년부터 10년간 중국에 불어 닥친 문화대혁명 시기의 물건들도 상당수 거래된다는 것이다. 이 가게는 온통 붉은 빛이 주조를 이뤄 이곳에만 가도 문화대혁명의 느낌을 맛볼 수 있다.

베이징 여행지 가운데서 윈난의 리지앙(麗江)이나 광시의 양수오(陽朔)처럼 배낭여행자들을 잡아끄는 지역이 있다. 더불어 스차하이 후통에서 멀지 않은 난루오꾸샹(南鑼鼓巷)을 추천하고 싶다. 길게 뻗은 거리에 붙이는 샹(巷)이 들어간 지명에서 알 수 있듯이 이곳은 남북으로 800미터가량 길게 뻗은 문화거리다. 스차하이가 이미 술집들에 점령되었다면 이곳은 옛 인사동의 느낌을 간직한 곳이다. 지금은 소박한 곳처럼 느껴지지만 명청시대에는 베이징의 강남으로 꼽히던 곳이다. 이 거리는 명나라 때는 장군들의 거주지였고, 청나라 때는 왕족, 근대에는 북영정부나 국민당 정부의 고관들이 살던 곳이기도 하다.

남북으로 800미터가량 난 난루오구샹의 옆으로는 동서로 각각 8개의 후통이 지난다. 사다리처럼 난 이 길은 여행자들을 매혹하는 요소들로 가득하다. 난루오구샹의 매력은 베이징의 옛 문화에 다양한 나라 사람들이 찾아와 그 문화를 융합시키고 있다는 점이다.

난루오구샹의 매력은 뤼송위앤빈관(侶松园宾馆)이나 구샹20하오(古巷20號)같이 쓰허위앤을 바꾸어 잘 장식한 뷰띠크 호텔에서 1박에 1만 원 정도의 유스호스텔이 공존하는 것이다. 또 이곳이 재미있는 것은 이 거리 상가의 참여자들의 국적이 중국은 물론이고 한국, 미국, 영국, 인도 등 전 세계인들이란 점이다. 이들은 중국에 건너와 살다가 자신과 이 거리에 맞는 아이템을 찾아서 정착한 이들이다. 음식뿐만 아니라 바, 쇼핑들이 잘 조화하면서도 전혀 어색하지 않은 특이한 곳이다.

베이징과 한국인

원나라 때부터 형성된 이주민촌

1215년 칭기즈칸의 군대가 베이징을 점령했다. 1260년 등극한 쿠빌라이는 1264년부터 베이징을 재건하기 시작했다. 거란에 의해 연경燕京으로 불리던 이곳을 대도大都로 부르기 시작했다. 몽골어로 캄발룩이라 불렀다. 상도上都는 너무 추웠기에 그나마 따뜻한 베이징을 겨울 궁전으로 삼은 것이다.

몽골은 이미 고려를 점령했기에 많은 고려인들도 다양한 이유로 대도로 오기 시작했다. 그 가운데는 이슬람으로 개종한 '라마단'도 있었다. 그는 충선왕 4년(1312년)에 태어났으며, 고려인으로 기록되어 있다. 그는 대도 완평현宛平縣 청현관青

玄關에서 살았는데 고려 충정왕 1년(1349년)에 광시 육천현陸川縣의 다루가치로 임명되지만 같은 해 3월 23일 사망해 광저우에 묻혔다는 비문이 1985년에 발굴되어 학계에 보고됐다. 그런데 그가 살던 완평현에는 그뿐만 아니라 많은 고려인들이 살았고, 고려와 관련된 지명도 적지 않다. 완평현의 지금 위치는 루거우치아오(盧溝橋)의 동쪽으로 지금은 중궈런민캉르짠정지니엔관(中國人民抗日戰爭紀念館)이 있는 곳이다. 구궁을 기점으로 본다면 지금 코리아타운이 형성된 왕징(동북향)의 꼭 반대편인 서남향에 위치한다.

라마단과 비슷한 시기에는 고려의 여인으로 원순제(元順帝, 재위 1333~1370)시절 황후가 되어 원 조정의 실권을 장악한 기황후奇皇后가 있다. 그녀는 1365년 정후正后가 되었으며, 다음해 명 주원장에 패해 내륙으로 도망갈 때까지 원 조정의 실권을 장악했다. 기황후의 비호 아래 대도에서 고려인들은 상대적으로 안정적인 지위를 확보했다.

명은 한족 정권이었기에 상대적으로 조선과의 교류도 활발했다. 조선은 정기적으로 명에 사신을 보냈다. 명나라 때부터 조선의 사신이 베이징을 방문했을 때는 보통 옥하관玉河館에 머물렀다.

당시 베이징에는 인상적인 인물로 홍순언이 있다. 역관인 홍순언은 베이징의 기생집에서 소복 차림을 한 미모의 여인 류 씨를 만난다. 저지앙에서 부모를 따라 베이징에 올라온 류 씨는 역병으로 부모가 죽자 장례를 치를 돈이 없어서 기방에 나온 것이었다. 홍순언은 그녀의 처지를 동정해 큰돈을 주고 그녀를 돌려보냈다. 한번은 홍순언이 공금유용 문제로 큰 곤혹을 치렀다. 그런데 훗날 홍순언이 사신단의 역관으로 베이징을 찾았을 때 그녀는 예부상서의 부인이 되어 각종 문제를 나서서 해결해 주었다. 특히 임진왜란 당시 이 여인이 나서서 21만의 명군의 파병과 약 900만의 은화 지원을 받아낸 것은 조선의 역사를 바꾼 큰 사건이었다.

쇠잔해진 명이 청에게 무너진 시기에 조선도 병자호란(1636~1637)의 치욕을 겪는다. 병자호란 이후 베이징에서 조선인들의 삶은 소현세자나 봉림대군(훗날 효종)의 '북벌정책'처럼 괴리 속에 있을 수밖에 없었다. 하지만 청은 강·옹·건의 치세를 거치면서 세계적인 강국이 되었다. 반면에 조선은 여전히 명에 대한 추억에 빠져 있었다. 그런 와중에 청에 사신으로 다녀온 이들은 세상이 완전히 바뀌었고, 과거의 사관으로 청을 바라보는 것에 문제가 있다는 것을 느꼈다. 1778년 베이징에 다녀와 박제가가 쓴 『북학의北學議』나 1780년에 박지원이 쓴 『열하일기』는 그런 의식의 변화를 강하게 주문한 것이었다.

하지만 사실상 이 시기를 정점으로 청은 급변하는 세계변화에 대처하지 못했고, 결국 혼돈 속으로 들어간다. 청의 국토가 유린된 아편전쟁(1840~1842)까지 걸린 시간은 60년 남짓도 되지 않았다.

연암은 『열하일기』에서 병자호란 등의 시기에 중국에 건너온 이들 가운데 돌아가지 못하고 정착하고 있는 조선인 후손

이 많다고 적고 있다. 하지만 같은 민족이라고 해서 사신단인 연암의 일행을 반기지도 않았고, 연암의 일행 역시 그런 유대감을 표시하지는 않았다. 그들은 서서히 한족화되어 가고 있었기 때문이다. 베이징이라고 해서 그런 이들이 없을 리는 없다.

항일 독립운동가들의 주요 거점

1905년 이후 베이징은 일제의 치하가 된 조국을 피신해 떠난 이들의 주무대가 됐다. 가장 대표적인 인물이 단재 신채호 선생과 『아리랑』의 김산이다. 물론 약산 김원봉, 춘원 이광수 등 수많은 인물들이 베이징에서 기거했거나 이곳을 경유해 상하이 등지로 이동했다. 이제는 재개발로 관련 지역들이 많이 변화했지만 베이징의 곳곳에는 그들의 흔적이 있다.

1945년 해방은 중국에서 살아가던 많은 우리 민족에게 변화의 시간이었다. 많은 이들이 짐을 꾸려 고국으로 돌아갔지만 그에 못지않은 수의 사람들은 남았다. '중국의 피카소'로 불리던 한락연도 돌아가지 못했고, '중국 영화 황제'로 불리던 김염도 중국에 남았다. 중국 당대 최고의 작곡가로 꼽히던 정율성도 중국에 남았다. 정율성은 베이징에 있었지만 앞의 두 사람은 실크로드와 상하이에 남았다. 그들이 고국에 쉽게 돌아가지 못했거나 잠시 귀국했다가 돌아온 것은 남북이 이데올로기의 차이로 분단된 탓도 컸다. 북한은 공산주의 국가였지만 그들과는 뭔가 박자가 맞지 않았다. 1949년 중국의 공산화와 1950년 한국전쟁은 이들의 중국 정착을 더욱 고착화시켰다.

한국은 중국과 국교가 없었고 교류도 거의 이뤄지지 않았다. 하지만 세상은 빠르게 변했다. 중국으로서는 적대감도 없고 한 단계 빨리 경제성장이 필요한 한국과 수교가 절실했다. 한국 역시 변화하는 경제 질서에 대처하기 위해서는 중국으로 진출하지 않으면 안 되는 처지였다. 1992년 8월 24일 한중간에 국교가 정상화되었고 한국은 중국에서 빠르게 자리 잡았다. 특히 중국의 안정적인 생산기반은 한국이 IMF체제를 극복하는 데에 일정 부분 기여한 측면이 있다. 이 과정에서 조선족 동포는 적지 않은 역할을 했다.

조선족 동포가 중국 내에서, 혹은 한중 관계 속에서 자리 잡아가는 과정에서 새로운 부류가 생겼다. 소위 신선족新鮮族, '중국에 정착하는 한국인'들이다. 1992년 국교정상화 이전부터 한국 기업인들에게 중국은 기회의 땅으로 인식되어 먼저 개통된 선박 편은 물론이고, 홍콩을 통한 진출 등 다양한 방식으로 중국에 정착했다.

대기업의 성공적인 진출

1992년 한중수교 이전부터 우리 기업들은 중국과 많은 물밑 접촉이 있었다. 한중수교로 이런 활동은 급물살을 탔다. 우선 우리 기업의 교두보는 베이징이었다. 우리 기업들은 하나둘씩 베이징에 사무실을 내고 중국 진출을 시도했다.

초반기 가장 안정적으로 중국에 진출한 우리 기업은 삼성이다. 삼성은 한중수교가 있었던 1992년 10월 삼성전자 중국공장을 짓는 것으로 시작했다. 1994년에는 톈진(天津)에 컬러 텔레비전 공장을 만드는 것을 포함해 사업도 다각화시켰다. 중국 회사와 합작한 텔레비전 공장은 그다지 성공적이지 못해서 수업료를 치른 격이었다. 이후 삼성의 중국에 대한 전략은 수정됐다.

중국에서 많은 마케팅 비용을 쓰기도 했지만 삼성의 중국 진출 규모에 비해서는 상대적으로 적다고 할 만큼 중국 내수시장 보다는 산업 구조의 변화 과정 속에서 수익을 창출하기 위해 노력했다. 2004년까지 삼성의 중국 사업은 세계로 나가는 공장과 더불어 중국 산업발전의 틈새를 공략하는 방식이었다. 실제로 삼성전자보다도 삼성전기나 삼성SDI가 효자 역할을 한 측면이 크다. 현재 삼성은 삼성전자를 포함해 30여 개 법인을 성공적으로 운용하고 있다.

그런데 2005년 1월 박근희 사장이 취임하면서 공장의 기능보다는 시장으로 중국을 보는 경향이 강해졌다. 생명이나 투신같이 리스크가 큰 분야에도 진출하는 것은, 중국을 시장으로 삼지 않으면 안 된다는 판단이 깔린 것으로 보인다.

삼성과 달리 LG의 중국 진출은 처음부터 시장 중심으로 진행됐다. 1993년 후이저우(惠州) 법인을 시작으로 톈진, 선양,

창사 등 생산 공장의 비중이 높은 편이다. 그밖에 LG화학, LG CNS 등이 있는데 가장 알찬 분야는 LG화학이다. 냉장고, 세탁기, 에어컨, 전자레인지 등은 초반기 중국 시장에서 상당히 높은 점유율을 유지했지만 중국과 기술 격차가 줄면서 가격 경쟁력을 잃어 위기감이 높아지고 있다. 하지만 세계 시장에서 고급 에어컨과 세탁기 등의 순조로운 판매와 중국 내 고급 가전제품 시장의 확대로 활기를 찾아가고 있다. 베이징의 중심 거리인 창안지에(長安街)의 동쪽 부분에 LG의 중국법인 건물이 있다. 여의도 사옥처럼 쌍둥이 건물로 되어 있는데 꼭대기가 칼에 베인 듯한 비스듬한 모습이 인상적이다. 이런 모습을 갖게 된 것은 맞은편에 있는 고급 아파트 단지의 일조권 문제 때문이다.

현대의 중국 진출은 그다지 좋지 않았다. 현대건설이 따리엔(大連)에 2억 달러의 돈을 들여서 건물을 지으려 했지만 IMF로 건설을 중단한 이후 지금까지 재개하지 못해 악몽이라고 할 수 있다. 그런데 2002년 현대자동차가 베이징자동차(北京汽車)와 합작으로 중국 공장 설립을 시작한다. 당해 12월 소나타를 출시했고 베이징 공식 택시 중 하나로 채택되면서 판매가 늘어 기적과 같은 진출 사례가 된다. 2005년 중국 승용차 판매량 3위권까지 치고 올라가면서 중국 진출이 매우 성공적이라는 평가를 받았다. 하지만 2007년부터는 판매순위가 계속해서 떨어지고 있다. 사실 2~3년 만에 세계 자동차 시장의 최대 격전장인 중국에서 급성장한 것이 이상한 것이지 7~8위권을 유지하는 것이 그리 이상한 일은 아니다.

SK의 경우 해운 등의 분야에서 중국에 진출했지만 더딘 편이었다. 2007년부터는 에너지 분야를 필두로 중국 진출을 서두르고 있다. 특히 석유값 폭등으로 인해 SK는 우한(武漢)에 원유 가공공장을 짓는 등 중국 진출에 박차를 가하고 있다. 물론 주력인 이동전화 관련 시장도 꾸준히 노크해 왔다. 중국 양대 이동통신 사업자인 렌통(차이나유니콤)의 주식을 매입해 2대 주주가 되기도 했다. 하지만 중국정부가 이동전화 시장에 개입하면서 이 분야는 앞날을 장담하기 어렵다.

CJ의 경우 박근태 사장이 취임하면서 외식산업이나 영화 등 엔터테인먼트 분야로 활발히 자리를 잡아가고 있다.

위의 대기업들은 철저한 시장조사와 중국문화에 대한 이해를 바탕으로 중국에 진출해 비교적 안정적으로 자리를 잡았다. 반면에 이런 대기업을 따라온 하청업체나 영세 임가공업체의 중국 사업은 대부분 곡소리가 날 정도로 힘들었다. 이런 영세업체가 집중한 곳이 산둥반도 칭다오(靑島)다. 과연 한중수교 17년이 지난 베이징 및 중국 속 한국은 어떤 모습일까?

일반인들에게는 쉽지 않은 진출

명확하게 나뉘는 건 아니지만 중국에 들어온 사람들은 대체로 몇 개의 변곡점을 통해 구분된다. 1세대는 수교를 전후해 들어온 사람들이다. 초반기에는 제조업 중심으로 중국의 값싼 인건비 등을 활용하려는 사업가들이 중심이었다. 거기에 무역업자들도 끼어 있었다. 불모지에 가까웠음에도 중국의 미래를 보고 공부하러 온 이들 가운데 정착한 인구도 있는데, 이들 모두 1세대라고 할 수 있다. 이들은 베이징·톈진·상하이·광저우와 함께, 말이 통한다는 이유로 선양·옌지 등 동북3성에도 많이 들어갔다. 초기 진출자들은 정서가 다른 중국적 특성과 인프라 부족으로 많은 곤란을 겪었지만 단순 가공업 중심으로 성공한 사례들도 나타났다.

그러던 이들에게 거대한 위기가 닥쳐왔다. IMF 관리 체제다. 달러로 결제 받을 수 있는 나라로 간 소수의 기업에게는 오히려 기회가 됐지만 중국을 임가공 공장으로 간주, 한국으로 물건을 내보내던 대부분의 기업은 철저하게 무너졌다.

> "공단에 있던 대부분의 기업이 도산했다. 외상투자 기업이던 우리 회사는 한국에서 회사차로 3대 정도를 들여왔는데, 그것을 팔아서 연명했다. 그때만 해도 중국의 자동차 값은 굉장히 비싸서 차 한 대로 2~3달은 버틸 수 있었다. 덕분에 살아남을 수 있었다." (2000년 톈진의 한 중소기업 사장)

> "초반에 중국인 노동자들은 회사 물건과 자기 물건을 구별하지 않았다. 작업이 끝나고 공장을 점검하면 망치나 드라이버 같은 공구부터 완제품까지 오만 가지 물건이 사라졌다. 거기에다 중국 사람들의 경우 공적인 자리에서 모욕을

주면 안 된다. 각개전투식으로 교육해야 하는 상황이었다. 그런 그들을 가르쳐서 공장이 좀 굴러갈 무렵 IMF가 터졌다. 한국에서 물건을 사갈 수 있는 처지가 아니었다. 자금력도 풍부하지 못해서 그냥 넘어겼고, 그 후 여러 공장을 전전하다가 지금은 간단한 무역을 하면서 살아가고 있다." (2007년 베이징의 한 교민)

IMF는 중국에서 사업하던 한국인 기업가들에게 치명적이었다. 영세한 규모의 중소기업주나 자영업자들은 대부분 모든 것을 잃어야 했다. 이후의 생활은 '근근하게 살아간다'는 단어로밖에 설명되지 않는다. 1세대의 몰락이라고 볼 수 있다. IMF에 가장 의연했던 동아시아 국가는 중국이었다. 약간 주춤하긴 했지만 중국은 안정을 유지했고, IMF의 바람을 타지 않았다.

IMF 후폭풍이 있던 2000년까지는 조금 잠잠했지만, 그 후 중국으로 가는 한국인은 급증했다. IMF 이후부터 2002년까지 중국으로 건너온 이들을 통상 2세대라고 부를 수 있을 것 같다. 이들의 이주는 대한민국을 탈출해 중국을 이용해서 기회를 찾아보려는 엑소더스의 성격이 강했다. 이들 중엔 중국에 대한 이해가 부족한 경우도 많았다.

30대 후반의 김 모 씨도 그런 사람들 가운데 하나다. 1998년에 중국으로 유학을 왔고, 2003년에 사업을 시작했다. 하지만 중국 공부보다는 노는 공부에 치중했다. 집에서 사업자금을 지원받은 김 씨는 베이징의 코리아타운인 왕징 인근에 5억여 원을 투자해 '레스토카페'를 차렸다. 처음에 땅 문제로 실랑이 하다가 어렵사리 문을 열었지만, 한국인은 물론이고 중국인도 외면했다. 밖이 보이지 않는 어두운 실내구조가 문제라고 파악해 반 년 만에 인테리어를 다시 했지만 파산을 막지 못했다.

2002년은 한국에서 월드컵이 열린 해다. 이 시점을 전후해 중국에 들어온 사람들은 중국에 대해 공부하고 들어온 세대다. 미리 들어와서 사업 준비기간도 두고, 부족하지만 중국어도 익혀 신중하게 투자한 이들이 많다. 3세대라고 부를 만한 사람들이다.

이들은 주로 한국인 집중 거주 지역으로 들어왔다. 그래서 베이징의 왕징, 톈진의 안산시다오나 메이짱, 선양의 시타, 상하이의 홍메이루 등 코리아타운은 급속히 팽창했다. 사실 이들이 준비해서 들어올 수밖에 없었던 것은 중국이라는 지역이 낯설어서이기도 했지만 어지간한 돈으로 사업을 시작해서는 초라한 행색을 벗어나기 어려운 중국적인 특색 때문이기도 하다.

올림픽이 있는 2008년을 기점으로 베이징은 물론 중국 전역에서 활동하는 한국인의 영역이 축소될 것은 불문가지다. 이제 충분히 힘을 비축한 중국은 한국 등 주변 국가의 힘을 빌리기보다는 자체적으로 발전해 나가려는 모습이 역력하다.

그동안 보장됐던 다양한 세제 혜택이 지속될 것으로 믿는 한국기업도 이제는 거의 없다. 값싼 임금과 노동의 유연성도 이제 예전 같지 않다. 노동자의 임금은 여전히 낮지만, 4대 보험 등에서 외국기업에는 엄격해지고 자국기업에는 유연해지는 정책 때문에 더 이상 중국기업과의 가격 경쟁에서 버텨낼 힘이 없기 때문이다.

"4년 전, 얼마 남지 않은 공장의 수명을 연장해보려는 생각으로 중국으로 공장을 옮겼다. 납품할 한국 기업들이 있어서 초반기에는 꾸려갈 자신이 있었지만, 이제 한국 대기업에도 가격경쟁에서 떨어지는 우리나라 기업 제품을 사줄 여유가 없다. 베트남이나 인도 등을 생각해보지만, 자본도 없고 언어 장벽을 생각하면 (그 지역으로 다시 공장을 이전하는 것은) 상상하기조차 힘들다. 이제 접어야 할 때가 된 것 같다." (톈진의 한 중소기업 사장)

필자는 한중수교 10주년인 2002년 7월 '중국 속 한국이 무너지고 있다'(부제 : 재중 한인사회에서 벌어지고 있는 위험천만한 백태, 「월간중앙」)라는 기사를 썼다가 주변에서 따가운 질책을 받았다. 이미 적정 거리를 확보한 조선족 동포와의 관계와 달리, 한국인이 한국인을 속이는 현상이 팽배하고 있다는 내용을 중심으로 한 기사였다. 그로부터 5년이 지난 지금은 어떨까. 현재 중국에서 장기체류하고 있는 인구는 한국인회 추산으로 70만 명이 넘는다. 그들 가운데 주재원 등 일정한 수익을 보장받는 이는 그다지 많지 않다.

10년 이상 정주한 1세대도 마찬가지다. 그간 이들의 주요 수입원 중 하나는 나중에 들어오는 진출자들이 제공하는 일자리였다. 하지만 그나마도 이제는 끊어지고 있다. 정확한 통계는 나오고 있지 않지만 2006년 말을 전후해 중국에 유입되는 인구가 포화상태가 된 것이 아닌가 하는 게 일반적인 평가다.

우다코우에서 중국어학원 겸 유학원을 운영하는 김 모 씨는 "최근 대학생은 물론이고 조기유학생의 증가세가 주춤한 것 같다. 중국 유학 인구가 워낙 많고 동북공정 등 때문에 중국에 대한 부정적인 인식이 확산되는 것도 한 원인인 것 같다."고 말했다.

조선족 동포와 한국인의 관계에서도 여전히 불가근불가원의 원칙이 유지되고 있다.

올림픽이 있는 2008년은 또 다른 변곡점이 됐다. 2008년 봄부터 중국 정부는 베이징이나 중국에 거주하는 외국인들의 비자 발급 요건을 강화하는 한편 편법적인 비자 연장을 철저히 단속하기 시작했다. 재중국한인회 추산으로 2008년 6월 중국에 거주하는 한국인 숫자는 80만 명이 넘을 것으로 추산됐고, 베이징 거주 한국인은 약 25만 명가량이다. 그중에 사업비자(Z)나 학생비자(X)로 정식 체류자격을 가진 숫자는 절반을 넘지 않는다는 것이 일반적인 통계였는데 그 절반의 사람들이 중국 체류 비자 연기에 곤란을 겪게 된 것이다.

사실 신선족에게 운명처럼 주어진 몇 가지가 있다. 우선 한국에 돌아가기에 쉽지 않다는 것이다. 사업이나 유학으로 중국에 건너온 이들은 매년 10퍼센트 성장하는 중국의 변화 속에서 수없이 다양한 기회와 접한다. 하지만 진출 과정에서 자신이 가진 자본의 대부분을 소진한 이들은 어차피 중국을 토대로 새로운 사업을 구상할 수밖에 없다. 또 중국은 한국에서의 생활에 비해 경제적으로 큰돈이 들지 않는다. 왕징 중심가는 보통 월세가 2,500~10,000위안 사이지만, 약간 교외로 벗어나면 월 500위안에 생활비 500위안이면 살 수도 있다.

거의 좌절을 겪은 IMF 관리 체제 이전 진출자들을 버티게 해주는 것 가운데 하나가 뒤에 들어오는 이들이다. 이들은 언어나 경험 등에서 영역을 구축하기 힘들기 때문에 자연스럽게 선발주자들을 찾게 된다. 이런 조합은 대부분 실패로 끝난다. 우선 선발주자라고 해서 갖는 이점이 거의 없기 때문이다.

이들은 정규언어 과정을 밟지 않았기 때문에 언어 구사에 있어서 미숙하다. 따라서 이들 조합은 실패의 확률이 상당히 높다. 그러면서 조선족 동포보다는 신선족을 조심하라는 게 중국에 진출하는 이들에게 계명처럼 되어 있다.

우리 교육기관의 부족과 비관적인 미래

2008년을 기점으로 100만 명이 넘을 것으로 추산되는 재중 한국인들 앞에 펼쳐진 미래는 결코 밝지 않다. 가장 큰 문제는 제대로 된 교육기관이 없다는 것이다. 현재 베이징·톈진·옌타이·상하이 등지에 한국국제학교가 설립되어 있다. 베이징의 경우 초·중·고교를 합쳐, 수용할 수 있는 학생 수는 1,200명 정도다.

한국국제학교는 이미 정원을 넘겨, 입학하려면 추첨을 통해야 한다. 한국학교의 적정 인원은 2,000명을 넘을 것으로 추산된다. 이 학교에 들어가지 못할 경우 중국학교나 외국계 국제학교에 가야 한다. 이곳에서는 한국어교육은 물론 한국 역사교육 등은 물 건너간다. 모래알처럼 흩어진 한국인들은 이제 색깔조차 달라져 모래시계를 빠져나오고 있다.

한중관계와 전문연구기관

그럼 한중간의 관계는 어떻게 바뀔까. 우선 가장 큰 문제는 한국의 정부·학계·기업이 따로 논다는 데 있다. 마늘파동, 김치파동 같은 문제가 발생했을 때 정부는 농업과 제조업 부문을 동시에 고려하는 과정에서 적절한 대책을 내놓지 못했다. 기업은 다가올 불이익을 생각해 농업 부문의 희생을 말했고, 학계는 농업 쪽의 손을 드는 등 한국 내의 불협화음으로 제대로 대처하지 못했다.

이와 달리 중국의 경우 대외적인 부분에서는 후진타오 주석이 책임지는 외사판공실의 주도 아래 대외연락부가 태스크 포스 역할을 하고 외교부는 이를 집행하면서 체계적이고 일관된 목소리를 냈다. 1992년 수교 당시, 한국은 88올림픽을 치른 후 아시아의 4마리 용 가운데서 가장 빠르게 성장하는 국가였다. 중국으로서는 자신들보다 한 단계 앞서 경제성장을 이룬 한국은 벤치마킹하기에 가장 좋은 대상이었다. 중국은 1972년 9월 일본, 1979년 1월 미국과 정식으로 수교해 경제발전의 물꼬를 트려고 했지만, 이들 국가는 중국을 이용만 했을 뿐 큰 도움을 주지는 못했다고 생각했다.

따라서 중국으로서는 이런 상황을 변화시키기 위해 가장 중요한 나라가 한국이었을 것이다. 중국은 한국과 수교하는 게 절실했고, 수교 의지도 강했다. 물론 이런 판단에는 1983년 중국 민항기 납치사건을 처리하면서 원만해진 한중관계가 작용했지만 적극적인 곳은 중국이었다.

당시 수교 실무를 담당했던 김하중 통일부장관은 한 인터뷰에서 "1992년 첸치천 당시 중국 외교부장이 베이징에서 열린 아태경제사회이사회(ESCAP) 총회 개막 전날인 4월 13일 한중 외무장관 회담에서 이상옥 외무장관에게 수교 교섭을 비밀리에 개시할 것을 제의했다."며 당시 중국의 의지가 강했음을 확인해 주었다.

하지만 그 결과는 한국에 불리했다. 한국은 타이완과 국교를 완전히 단절하면서 타이완을 잃은 반면, 중국은 북한과 외교를 유지한 채 수교한다는 동의를 얻어냈다. 첫 단추가 잘못 끼워진 후 한국은 구애를 받는 처지에서 구애를 하는 처지가 되었다.

이런 외교적 불균형은 파견 대사의 무게를 보면 알 수 있다. 1992년 우리는 초대 대사로 노재원 전 차관을 내세웠다. 노

차관은 1982년부터 1984년까지 외교통상부 차관을 지낸 인물로 당시 나이는 당시 60세였고, 장관급 인사였다. 중국 측에서는 장팅옌(1936년생)을 대사로 내세웠다. 장 전 대사는 베이징대를 졸업하고 외교관 생활을 시작한 후 조선에서 잔뼈가 굵은 한반도통이었다. 1986년부터 1989까지 북한 주재 대사관 정무참사관을 지냈고, 1989년부터 1992년까지 외교부 아시아사 부사장을 지냈다.

조리-처장-부사장-사장-국장-부부장-부장의 순서로 올라가는 중국 외교부 체계에서 부사장은 중간 간부다. 한국으로 치면 과장급 정도다. 대사들의 이러한 직급 차이는 계속됐다. 황병태·정종욱·권병현·홍순영·김하중 대사 등은 장관급이었음에도 한국으로 파견되는 중국 대사는 대부분 사장이나 부사장급에 머물렀다. 최근에 임명된 신정승 대사가 가장 낮은 급으로 볼 수 있을 정도다. 북한 파견 대사들이 부부장급까지 갔다는 점을 생각하면 한국에 대한 외교적 배려는 상당히 미흡했던 셈이다.

지난 17년 동안 한중 교류는 양적으로 엄청나게 늘었다. 하지만 정치나 외교 측면으로 보면 질적 성장은 매우 더딘 상태다. 이는 궁극적으로 한국에 치명적인 결과를 낳을 수 있다는 점에서 문제가 많다는 지적이 나오고 있다.

푸단 대학에서 중국 정부조직을 연구한 양갑용 박사는 "타이완의 경우 민진당과 국민당이 분열하는 상황에서 대중對中 교류의 질적 수준은 엄청나게 높아졌다. 사실 타이완 경제의

70~80퍼센트가 중국과 연결되어 있다. 이런 상황에서 미국 등 주변국 상황에 따라 타이완이 중국의 한 부속지역이 되는 것은 시간문제일 수 있다. 그런데 한중교류도 이런 모습을 닮아가고 있어 문제다."라고 지적했다.

시간이 지나도 한중관계의 질적 수준은 그다지 높아지지 않았다. 질적 수준이 높아진다는 것은 관광 등 차원의 교류에 그치는 것이 아니라 중앙정부·지자체·학계·공무원·언론 등이 광범위하게 교류하는 것이다. 이를 통해 상호 이해를 높이고 의제를 형성해 갈 때 각기 맞는 역할과 책임을 찾게 되는데 이런 교류는 거의 이뤄지지 않고 있다.

이런 상황에서 핵으로 대표되는 북한문제와 동북공정으로 대표되는 역사문제라는 암초가 버티고 있다. 한국 정부는 북핵의 경우 6자회담에 상당 부분 의존하고 역사문제를 수면 위에서 강도 높게 거론하길 주저하는 경향이 있다. 그러나 이러한 태도는 국민들에게 부정적인 인식을 심어주고 양국의 골이 더 깊어지는 부작용을 낳고 있다.

이런 문제를 해결하는 가장 좋은 방법은 학술회의 등을 통해 적극적으로 부딪쳐서 완충 지대를 만드는 방식을 찾는 것이다. 이런 때일수록 허세욱·김준엽 등 한중관계 원로 등의 적극적인 역할이 필요하다. 이런 과정을 통해 동북아 역사회의 등을 만들어서 외연을 확장해야 하는데, 여전히 실질적인 움직임은 사라진 채 언론 등을 통해 감정만 적나라하게 표출되는 것이 지금의 모습이다.

대중 관계의 질적 수준을 높이기 위해 가장 시급한 것이 한중관계 전체를 조율할 수 있는 기구나 연구기관을 만드는 것이다. 과거엔 장덕진 회장이 이끌던 대륙연구소가 있었지만, 지금은 중국 전문 연구소가 필요성에 비해 적은 실정이다. 물론 대학마다 중국 관련 연구소 등이 있지만 연구 수준도 각기 다르고 전체를 조율하는 기구가 없는 것이 현 상황이다. 이를 개선하기 위해서는 미국에 치중된 대외기관을 중국 쪽으로도 세워야할 것이다. 중국을 총괄할 수 있는 매머드급 연구기관이 절실하다. 이런 연구기관을 통해 총체적인 중국 정책이 나올 수 있고 그래야 정부·학계·기업에서 일관된 목소리를 낼 수 있기 때문이다.

베이징 전통과 현대가 공존하는 중국의 두뇌

펴낸날	초판 1쇄 2008년 7월 20일
	초판 2쇄 2012년 2월 7일

지은이　조창완
펴낸이　심만수
펴낸곳　(주)살림출판사
출판등록　1989년 11월 1일 제9-210호

경기도 파주시 문발동 522-1
전화　031)955-1395　　팩스　031)955-1355
기획·편집　031)955-4662
http://www.sallimbooks.com
book@sallimbooks.com

ISBN　978-89-522-0950-4　　04080

※ 값은 뒤표지에 있습니다.
※ 잘못 만들어진 책은 구입하신 서점에서 바꾸어 드립니다.